Martin Liepach

# Geschichte

## von der Antike bis 1789

POCKET TEACHER

Cornelsen
SCRIPTOR

*Der Autor*
Dr. Martin Liepach ist Lehrer an einem Gymnasium und Autor zahlreicher Fachaufsätze und Beiträge zur Didaktik der Geschichte.

**Bibliografische Information der Deutschen Nationalbibliothek**
Die Deutsche Nationalbibliothek verzeichnet diese Publikation in der Deutschen Nationalbibliografie; detaillierte bibliografische Daten sind im Internet über http://dnb.d-nb.de abrufbar.



**4., aktualisierte Auflage**

D C B A
Bibliographisches Institut GmbH
Dudenstraße 6, 68167 Mannheim

Redaktionelle Leitung: Heike Krüger-Beer
Redaktion: Dirk Michel, Claudia Fahlbusch
Herstellung: Andreas Preising
Umschlaggestaltung: glas AG, Seeheim-Jugenheim
Umschlagabbildung: © Teerapun Fuangtong – Fotolia.com
Satz: Buchprojekt, Ernen (Schweiz)
Grafiken: Rainer J. Fischer
Druck und Bindung: fgb – freiburger graphische betriebe GmbH & Co. KG, Bebelstraße 11, 79108 Freiburg i. Br.
Printed in Germany

ISBN 978-3-411-87060-8

# Inhalt

# Vorwort

**Liebe Schülerin, lieber Schüler!**
Der handliche Pocket Teacher bringt dir viele Vorteile: Er informiert knapp und genau. Daten, Ereignisse, Begriffe, Personen – alles ist übersichtlich geordnet und leicht verständlich.

Du kannst die gewünschten Infos am schnellsten über das Stichwortverzeichnis am Ende des Bandes finden. Stichwort vergessen? Dann schaue am besten ins Inhaltsverzeichnis und suche im entsprechenden Kapitel nach dem Wort.

Im Text deines Pocket Teachers findest du viele farbige Pfeile. Sie verweisen auf andere Stellen im Buch, wo du weitere Informationen zum selben Thema findest.

**Lerncheck** Am Ende jedes Kapitels werden die wichtigsten Inhalte in einer Checkliste abgefragt. So kannst du dein Wissen schnell testen. Entdeckst du noch Lücken, dann gibt es hier Hinweise, welche Seiten du noch einmal genau lesen solltest.

Der Pocket Teacher Geschichte – von der Antike bis 1789 – erklärt den wichtigsten Stoff zum Thema Geschichte, den du in der Sekundarstufe I brauchst.

Außerdem gibt er viele Informationen und Hilfen:

▶ Unter diesem Zeichen findest du kurze Definitionen von wichtigen historischen und politischen Begriffen, wie z. B. Triumvirat, Inquisition, Merkantilismus.

**Kurzbiografie** Geschichte wird auch von Personen gemacht – eingebettet in die Zeit, in der sie gelebt und gehandelt haben.

**BEISPIELE** Geschichte wird durch Beispiele anschaulicher, etwa die Wasserversorgung der Römer, der Kulturaustausch mit Arabien oder der Minnesang im Mittelalter.

Natürlich kann die POCKET-TEACHER-Reihe ausführliche Schulbücher mit Übungen und Beispielen nicht ersetzen. Das soll sie auch nicht. Sie ist deine Lernhilfenbibliothek für alle Gelegenheiten, besonders für Hausaufgaben oder für die Vorbereitung auf Klassenarbeiten und Abschlussprüfungen.

# 1 Das antike Griechenland

| | 800 | | 700 | | 600 |
|---|---|---|---|---|---|
| | 776 v. Chr. Erste Olympische Spiele | | | | 594 v. Chr. Solonische Reformen |

## 1.1 Götterwelt und Heldensagen

Nach den Vorstellungen der Griechen wohnten die Götter auf dem Olymp, dem höchsten, meist von Wolken umgebenen Berg Griechenlands. Dort lebten sie in Palästen ähnlich wie die Menschen zusammen.

Gottvater und der mächtigste der olympischen Götter war Zeus. Er wird häufig mit Zepter, Blitz und Adler dargestellt. Seine Frau Hera ist zugleich seine Schwester. Sie achtet auf das Verhalten der Ehepartner zueinander und ist die Beschützerin der Frauen.

**BEISPIELE** **Griechische Götter**
Athene ist die Tochter des Zeus. Sie hilft den Helden, die ihr durch Klugheit sympathisch sind, wie zum Beispiel Odysseus, und sie beschützt die Burgen. Die Stadt Troja konnte erst erobert werden, als ihr Bildnis geraubt wurde. Athene ist aber nicht nur schön und ein wenig eitel, sondern auch intelligent. Die weise Eule wird mit ihr in Verbindung gebracht und ist auf den Münzen Athens abgebildet.
Hermes ist ein Sohn des Zeus und gilt als erfindungsreich, wendig und verschlagen. Am Tag seiner Geburt kletterte er aus der

| 500 | | 400 | | 300 | | 1 |
|---|---|---|---|---|---|---|

508/507 v. Chr. Reform des Kleisthenes

443–429 v. Chr. Perikles vollendet die Demokratie

431–404 v. Chr. Peloponnesischer Krieg

323 v. Chr. Tod Alexanders des Großen

Wiege, fand eine Schildkröte und baute sich ein Musikinstrument, eine Leier, aus dem Panzer des Tieres. Als Götterbote musste er sich rasch fortbewegen können. Dazu hat er Flügelschuhe. Häufig wird er mit Reisehut und Geldbeutel dargestellt. Daher galt er auch als Gott des glücklichen Fundes und des raschen Gewinns. Diebe und Händler verehrten ihn.
Poseidon ist der Gott des Meeres und ein Bruder des Zeus. Seine Waffe ist der Dreizack, womit er das Meer aufwühlt. Als sein heiliges Tier gilt das Pferd, in das er sich bisweilen verwandelt.
Zahlreiche griechische Götter wurden auch in Rom bekannt und mit lateinischen Namen versehen. So wurde bei den Römern aus Poseidon Neptun, aus Athene Minerva, aus Zeus Jupiter. Die römischen Götternamen standen zudem Pate für die Namen unserer Planeten.

## 1.2 Das frühe Griechenland

- **um 1600–1200** Mykenische Epoche: Überlieferung der ältesten bekannten Form der griechischen Sprache.
- **um 1200** Griechen erobern **Troja**. Einwanderung aus dem Norden (Dorische Wanderung).

### ANTIKE

Mit dieser Bezeichnung meint man im engeren Sinne die Zeit der Griechen und Römer. Darüber hinaus versteht man aber darunter auch andere frühe Hochkulturen (↗ S. 99) die es beispielsweise in Ägypten, Persien, China, Indien oder auch in Amerika gab. Ein Merkmal ist, dass es von diesen Kulturen Überlieferungen durch Schriftquellen gibt, d.h., sie hinterließen durch ihr geschriebenes Wort Spuren in der Geschichte. Ein anderes Kennzeichen ist die Arbeitsteilung, wie sie beispielsweise zum Bewässern von Ackerland notwendig ist. Was die Dauer dieser Epoche angeht, sind die Gelehrten unterschiedlicher Meinung. Meist wird sie von ca. 3000 v. Chr. bis ca. 500 n. Chr. angesetzt.

**Homer, wahrscheinlich 2. Hälfte des 8. Jahrhunderts v. Chr.**
Der Dichter Homer verfasste seine Texte in etwa um 750 v. Chr. Überliefert sind seine umfangreichen Werke „Ilias“ und „Odyssee“, die in Versen geschrieben wurden. Die „Ilias“ behandelt die zehnjährige Belagerung der Stadt *Troja*, die „Odyssee“ berichtet von der zehnjährigen Irrfahrt des Odysseus bei seiner Rückkehr von Troja in seine Heimat Ithaka. Homer gilt als der älteste Dichter Europas. Als Geburtsort vermutet man die Stadt Smyrna in Kleinasien. Obwohl es sich bei den Werken Homers um Dichtungen handelt, enthalten sie doch viele wahre historische Aussagen. Aufgrund der genauen Beschreibungen Homers fand der deutsche Archäologe Heinrich Schliemann im 19. Jahrhundert den Ort Troja an der kleinasiatischen Westküste.

**BEISPIEL** **Die sieben Weltwunder der Antike**
Bei den sieben Weltwundern der Antike handelt es sich um außergewöhnliche Kunst- und Bauwerke:
- Die Pyramiden von Ägypten
- Die Mauern von Babylon
- Die Hängenden Gärten von Babylon (ein von Gewölben getragener Dachgarten)
- Die Statue des Zeus von Olympia
- Der Tempel der Artemis von Ephesos

- Das Mausoleum von Halikarnass
- Der Koloss des Helios von Rhodos (ein 37 m hohes Bronzestandbild des Sonnengottes Helios)

Die älteste Weltwunderliste stammt aus dem 2. Jahrhundert v. Chr. Die Pyramiden sind die einzigen Bauwerke unter den Weltwundern, die noch heute stehen. In späterer Zeit stellte man noch andere Listen auf, in denen z. B. der Leuchtturm bei Alexandria und das Kolosseum in Rom genannt werden.



### ▶ OLYMPISCHE SPIELE

Mit Olympiade ist der vierjährige Zeitraum zwischen zwei Olympischen Spielen gemeint. Die ersten Olympischen Spiele, von denen wir Kenntnisse haben, fanden 776 v. Chr. statt. Die sportlichen Wettbewerbe wurden zu Ehren des Göttervaters Zeus durchgeführt. Wettkampfort war das alte Heiligtum Olympia auf dem Peloponnes. Als Disziplinen gab es: Springen, Laufen, Diskuswerfen, Speerwerfen, Ringen, Wagenrennen. Ursprünglich dauerten die Spiele nur einen Tag. Sie wurden später auf drei, dann auf fünf Tage ausgeweitet, da die Zahl der Sportarten zunahm. Nur die Sieger wurden gefeiert. Sie erhielten von ihren Heimatstädten meist sehr kostbare Geschenke. Während der Spiele herrschte im gesamten griechischen Raum Friede. Die Spiele trugen dazu bei, dass sich die Vorstellung von einer Einheit der Griechen, trotz ihrer politischen Zersplitterung, festigte. Im Jahr 394 n. Chr. untersagte der christliche römische Kaiser **Theodosius** die Spiele als „heidnische Unsitte“. Die ersten Olympischen Spiele der Neuzeit fanden 1896 in Athen statt.

**BEISPIEL** **Kolonisation der griechischen Welt**

Die damalige griechische Welt umfasste nicht nur das heutige Griechenland, sondern fast das gesamte östliche Mittelmeergebiet und die Gegend rings um das Schwarze Meer. Zwischen dem 8. und 6. Jahrhundert v. Chr. zogen griechische Siedler aus und gründeten **Kolonien** (Tochterstädte).

Noch heute bestehen Großstädte aus dieser Zeit: Neapel (von Kyme aus begründet, um 700/675), Marseille (von Phokaia, um 600), Istanbul (von Megara, um 600).
Die Gründe für diese Wanderungen sind vielfältig. So waren es häufig politische Streitigkeiten oder auch die Suche nach neuen Handelsplätzen. In den meisten Fällen aber ließen Missernten, Hungersnöte, Armut und Überbevölkerung für einen Teil der Bevölkerung keine andere Wahl, als eine neue Heimat zu suchen.

## 1.3 Die politische Entwicklung Athens

**um 624** Durch die Gesetzgebung **Drakons** wird das damalige Gewohnheitsrecht zum ersten Mal schriftlich festgehalten und somit einer willkürlichen Auslegung entzogen. Die Strafen für die Vergehen waren sehr streng (drakonische Strafen).

**594** Der angesehene Adlige **Solon** wird zum Gesetzgeber mit außerordentlichen Vollmachten ernannt. Er ordnet auf diese Weise das politische Leben Athens neu und kann durch wirtschaftlich-soziale Maßnahmen den Frieden sichern. Seine Reformen zur Verwaltung von Athen erläutert das Schaubild (↗ S. 13).

### ▶ POLIS

Polis (Mehrzahl: Poleis) ist die Bezeichnung für einen griechischen Stadtstaat. Die Poleis entwickelten sich seit dem 8. Jahrhundert v. Chr. als eigenständige Gebilde und waren bestrebt, ihre Freiheit, Selbstständigkeit und wirtschaftliche Unabhängigkeit zu wahren.
Sie bildeten den politischen Mittelpunkt des umliegenden Gebietes und waren gewöhnlich der Tagungsort von Rat und Volksversammlung. Die Begriffe „politisch“ und „Politik“ leiten sich gleichfalls von diesem Wort ab. Die größte Polis war Athen.

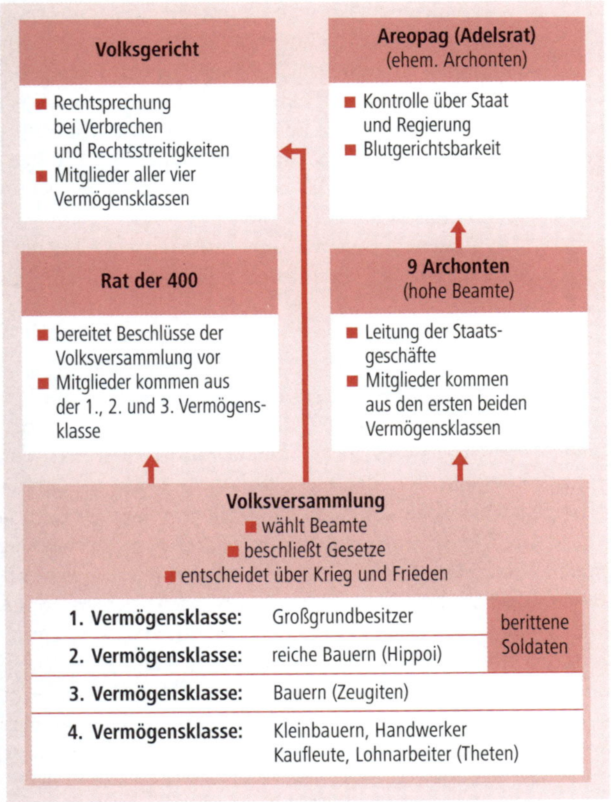


Die Solonischen Reformen zur Verfassung von Athen

**561–510** Alleinherrschaft (Tyrannis) des **Peisistratos** und seiner Söhne.

**508/507** Reform des **Kleisthenes**: Ganz Attika wird in zehn Bezirke (Phylen) eingeteilt, aus denen jedes Jahr durch Los 50 Bürger für den Rat bestimmt werden (Rat der 500).

- **488/487** Einführung des **Scherbengerichts** (Ostrakismus): Ein Bürger kann für zehn Jahre aus Athen verbannt werden, wenn mindestens 6000 Bürger seinen Namen bei einer Abstimmung auf eine Tonscherbe schreiben.
- **487/486** Archonten werden aus dem Rat der 500 ausgelost.
- **462/461** Der Adelsrat (Areopag) wird entmachtet. Die Kontrolle der Beamten liegt nunmehr bei den Geschworenengerichten.
- **451** Mitglieder der Gerichte werden fortan ausgelost und bezahlt (Diäten). Sie müssen mindestens 30 Jahre alt sein.

## ▶ MONARCHIE / ARISTOKRATIE / DEMOKRATIE

Die Art und Weise, wie die Herrschaft in einem Staat organisiert ist, nennt man Staatsform. Die Griechen unterschieden unter anderem zwischen drei Staatsformen: Monarchie (Herrschaft eines Königs), Aristokratie (Herrschaft des Adels), Demokratie (Herrschaft des Volkes). Griechenland gilt als Wiege der Demokratie. Im 5. Jahrhundert nahmen in zahlreichen griechischen Stadtstaaten alle männlichen Bürger an den Beratungen und Beschlüssen der Poleis teil. Hierin unterscheidet sich die antike von der modernen Demokratie: Während in der Volksversammlung der Athener jeder Bürger direkt über die wichtigsten Dinge abstimmen durfte, werden in einer modernen Demokratie Abgeordnete in ein Parlament gewählt, die die Interessen der Wähler vertreten (repräsentieren) sollen. Ein wichtiger Unterschied ist auch, dass im antiken Griechenland nicht alle die gleichen Rechte hatten (↗ Bürger und Metöken).

## ▶ BÜRGER UND METÖKEN

Die Bewohner einer Polis, die die Rechte besaßen, aktiv am politischen Leben teilzunehmen, werden Bürger genannt. Das Bürgerrecht war erblich, konnte aber auch an auswärtige Personen verliehen werden. Die Metöken lebten als Freie in Athen, ohne attische Bürger zu sein. Sie durften kein Land in Attika besitzen

und waren vor allem in Handwerk und Handel tätig. Ähnliche Gruppen gab es in vielen anderen antiken Städten. Von vornherein ausgeschlossen vom politischen und öffentlichen Leben waren Frauen und Sklaven.
Bürger waren immer auch Landbesitzer. Je nachdem, wie viel ihr Land einbrachte, wurden sie in Vermögensklassen eingeteilt. Die reichsten aus den ersten beiden Vermögensklassen stellten Soldaten zu Pferde für das Heer.



## 1.4 Griechen und Perser

- **um 550** In Asien entsteht das persische Großreich.
- **522–486** **Dareios I.** gibt dem persischen Reich durch die Einteilung in Herrschaftsbezirke eine straffe Verwaltung.
- **499–494** Die griechischen Städte Ioniens an der Küste Kleinasiens wagen mit Unterstützung Athens einen Aufstand gegen die Herrschaft der Perser, der in einer Niederlage endet.
- **490–479** Die verbündeten griechischen Stadtstaaten auf dem Festland wehren weitere persische Angriffe ab.
- **490** Schlacht bei Marathon: Sieg der Athener über das nach Griechenland eingedrungene Heer der Perser. Der Überlieferung nach überbrachte ein Läufer die Siegermeldung nach Athen und brach danach tot zusammen (Marathonlauf = 42,195 km).
- **483** Beginn des Aufbaus einer Kriegsflotte in Athen.
- **480** Seeschlacht bei Salamis, Insel vor der Küsten Athens: Die Griechen gewinnen gegen eine übermächtige persische Flotte.
- **477–431** Die Seemacht Athen führt den Attischen Seebund (↗ Bünde, S. 16–17) an.
- **449** Athen schließt mit dem Perserreich einen Kompromissfrieden (Kalliasfrieden). Perser und Athener einigen sich über die Einflussgebiete ihrer Herrschaft.

## 1.5 Sparta

Neben Athen spielte die Polis Sparta jahrhundertelang eine herausragende Rolle. Sie unterschied sich deutlich von Athen. Der griechische Schriftsteller **Plutarch** (um 40–120 n. Chr.) schrieb über den Stadtstaat: „Niemand durfte leben, wie er wollte; in der Stadt hatten die Spartaner wie in einem Feldlager eine genau festgelegte Lebensweise und eine Beschäftigung, die auf das öffentliche Wohl ausgerichtet war, da sie dachten, sie gehörten ganz dem Vaterland und nicht sich selbst." Die Erziehung der Kinder wurde von der Gemeinschaft übernommen. Sie waren einer strengen körperlichen Ausbildung unterworfen und mussten lernen, Schmerzen und Strapazen zu erdulden. An der Kolonisation nahmen die Spartaner nicht teil. Sie erweiterten dagegen kriegerisch ihre Herrschaft auf dem Peloponnes. Das Schicksal der Unterlegenen war hart. Sie verloren ihr Land und ihre Freiheiten und wurden Sklaven, die man **Heloten** nannte. Die Menschen, die in den Randgebieten des Stadtstaates wohnten und keine Heloten waren, nannte man **Periöken**, das heißt „Umwohnende". Sie blieben zwar persönlich frei, aber politische Rechte waren ihnen vorenthalten.

| Die Bevölkerung Spartas (um 450) | |
|---|---|
| Spartiaten (Vollbürger) | ca. 4000–5000 |
| Periöken | ca. 40 000–60 000 |
| Heloten | ca. 140 000–200 000 |

## 1.6 Athen und Sparta

**BEISPIEL** Bünde

Im antiken Griechenland waren Bünde Zusammenschlüsse von Stadtstaaten (Poleis) zur gemeinsamen Kriegsführung, sonst waren die Stadtstaaten weitgehend unabhängig.

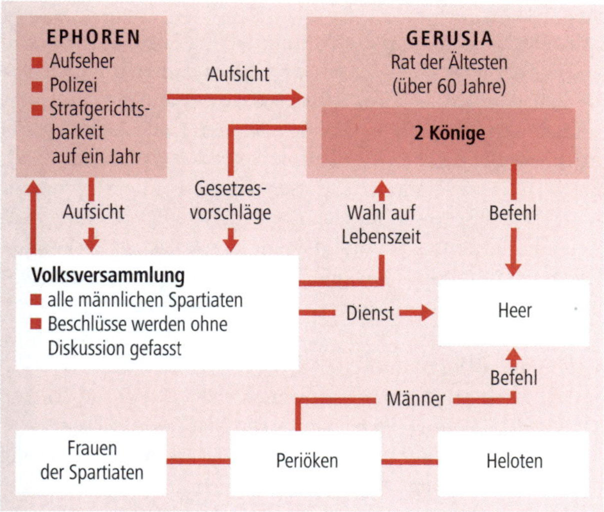


Die politische Ordnung in Sparta

Um 550 wurde der **Peloponnesische Bund** gegründet. Der einzige Zweck dieses Bundes war die gemeinsame Kriegsführung unter dem Oberbefehl Spartas. Der Name des Bundes leitet sich von der Halbinsel ab, über die Sparta sehr schnell die Hegemonie (↗ S. 18) gewann. Dieser Bund bestand bis 371 und brach erst dann zusammen, als Sparta Theben unterlag.

Zur weiteren Abwehr der Bedrohung durch die Perser wurde 477 der **Delisch-Attische Seebund** gegründet. Athen übernahm die Führung in diesem Bund. Dafür, dass Athen den größten Teil der gemeinsamen Flotte stellte, verlangte es von den Bündnispartnern eine Kostenbeteiligung in Form von Schiffen oder Geld. Die Bündnisbeiträge wurden in die Seebundkasse eingezahlt, die zunächst auf neutralem Boden, auf der Insel Delos, aufbewahrt wurde. 454 wurde sie nach Athen überführt.

### ▶ HEGEMONIE

Darunter versteht man die Vorrangstellung oder Vorherrschaft einer Stadt oder eines Staates gegenüber anderen. Durch den Aufbau einer Flotte wurde Athen zur wirtschaftlichen und politisch führenden Macht in Griechenland. Im Laufe der Zeit geriet Athen immer mehr in Rivalität zu Sparta, der stärksten Landmacht Griechenlands, und dessen Partnern im Peloponnesischen Bund. Sparta fühlte sich durch die Politik Athens provoziert und forderte 432 die Auflösung des Attischen Seebundes. Die Ablehnung dieses Ansinnens führte zum Ausbruch des Peloponnesischen Krieges.

**431–404 Peloponnesischer Krieg**

**430** Nach spartanischen Angriffen zieht sich die athenische Bevölkerung hinter die Langen Mauern zurück.
Ausbruch der Pest in Athen. Ein Drittel der Bevölkerung fällt ihr zum Opfer.

**421** Nikiasfrieden: Der von dem athenischen Feldherren Nikias durchgesetzte Friedensvertrag wird auf 50 Jahre geschlossen. Der Zustand vor Kriegsbeginn soll wiederhergestellt werden.
Dieser Frieden hat aber keinen Bestand, da keine Seite ihn akzeptierte.

**415–413** Sizilienexpedition: Athen schickt seine Flotte gegen die Stadt Syrakus, die jedoch von Sparta unterstützt wird. Athen verliert bei diesem Unternehmen die Hälfte seiner Flotte.

**413–404** Dekeleischer Krieg: Sparta errichtet in Dekeleia, in der Nähe von Athen, einen weiteren militärischen Stützpunkt.

**404** Der Krieg endet mit einer Niederlage Athens. Nach dem ausgehandelten Frieden muss Athen auf seine Außenbesitzungen verzichten, seine Flotte bis auf 12 Schiffe ausliefern, alle Befestigungen schleifen und dem Peloponnesischen Bund beitreten.

**BEISPIEL Bibliothek von Alexandria**
Die Bibliothek von Alexandria wurde um 300 v. Chr. unter der Herrschaft Ptolemäus I. eingerichtet. Sie wurde die berühmteste Bibliothek der Antike und sammelte systematisch das gesamte Wissen der damaligen Menschheit. Sie wurde damit zum Zentrum der Wissenschaft. Bis zu jener Zeit beschränkten sich die griechischen Bibliotheken auf Handschriftensammlungen, die Privatleuten gehörten. Die ägyptische Stadt Alexandria wurde zum Anziehungspunkt für viele Forscher der antiken Welt, denen in der Bibliothek mehr als 700 000 Papyrusrollen zur Verfügung standen. Diese Forschungsmöglichkeiten förderten auch die Herausbildung verschiedener Einzelwissenschaften: Medizin, Geometrie, Astronomie, Mechanik, Geographie und Literatur- und Sprachwissenschaften. Der erste Bibliothekar in Alexandria war Zenodot von Ephesos. Einer seiner berühmtesten Nachfolger war **Erastosthenes**. Er war Herausgeber der ersten kritischen Ausgabe von Homers Gedichten. 642 nahm Amr Ibn Al-As mit seinen Truppen Alexandria ein. Auf Befehl von Kalif Omar wurden die Schriften der Bibliothek vernichtet.



**Perikles, um 495–429 v. Chr.**
Mit Perikles verbindet sich der Zeitabschnitt des höchsten kulturellen Glanzes in Athen. Unter seiner Herrschaft wurde Athen zum kulturellen Mittelpunkt, wo sich Architekten, Künstler, Dichter und Philosophen einfanden. So begann man nach Beendigung der Perserkriege mit der Errichtung prächtiger Tempelanlagen auf der Akropolis. Von 443 bis 429 v. Chr. konnte Perikles die Volksversammlung für sich gewinnen und wurde jedes Jahr zu einem der zehn Strategen (Feldherren) gewählt. Durch seine Redekunst und sein hohes Ansehen nahm er großen Einfluss auf die Geschicke Athens. Perikles führte sowohl die Besoldung der Geschworenen als auch die der Ratsherren ein. Durch finanzielle Unterstützung erfuhr das Theater einen bedeutenden Aufschwung. Diese Blütezeit ging mit dem Beginn des Peloponnesischen Krieges zu Ende. Als in Athen in den ersten Kriegsjahren die Pest ausbrach, fiel Perikles ihr zum Opfer.

## 1.7 Prägung Europas durch die griechische Kultur

**▶ EUROPA**

Der Name Europa geht auf eine griechische Sage zurück. Der Dichter **Hesiod** (um 700 v. Chr.) hat ihn als Erster verwendet. Der Legende nach lebte an der asiatischen Mittelmeerküste (im heutigen Libanon) eine Prinzessin, die Europa hieß. Von ihrer Schönheit angezogen und von heftiger Leidenschaft ergriffen, fädelte Zeus geschickt ihre Entführung ein. Er verwandelte sich in einen zahmen Stier und näherte sich ihr, während Europa Blumen pflückte. Vertrauensvoll stieg sie auf seinen Rücken, um mit ihm zu spielen, als er plötzlich hochfuhr und sie über das Meer hinweg nach Kreta entführte. Dort vereinigte er sich mit ihr und machte sie zur Mutter des minoischen Königsgeschlechts. Heute benutzen wir diesen Begriff für den zweitkleinsten Kontinent der Erde.

**BEISPIEL** **Philosophie**

Die Philosophen rückten den Menschen in den Mittelpunkt ihrer Betrachtungen und versuchten die Entstehung der Welt und die Ursachen der Naturerscheinungen mit der Vernunft und nicht länger mit dem Willen der Götter zu erklären.

Die Lehrsätze des Philosophen **Sokrates** (469–399 v. Chr.) sind über die Aufzeichnungen seines Schülers **Platon** (427–347 v. Chr.) überliefert. Sokrates setzte sich mit der Frage, was der Unterschied zwischen falschem und richtigem Handeln sei, auseinander. In Athen wurde er jedoch wegen angeblicher Gottlosigkeit und Jugendverführung zum Tode verurteilt. Er musste einen Becher Gift trinken. Platon beschäftigte sich mit der Frage, welcher Staat für den Menschen am besten sei. Er gründete die Platonische Akademie, die älteste Philosophenschule Griechenlands. **Aristoteles** (384–322 v. Chr.), ein Schüler Platons, widmete sich den Gesetzen, nach denen unser Denken funktioniert. Er wurde mit diesen Überlegungen zum Begründer der Logik.

**BEISPIEL** **Mathematik**

Die Entwicklung der Mathematik wäre ohne den Beitrag berühmter griechischer Mathematiker undenkbar. **Pythagoras von Samos** (um 580–500 v. Chr.) führte den Beweis in der Mathematik ein. Vor ihm sah man in der Geometrie kaum mehr als eine Ansammlung von Faustregeln, ohne etwas von den wechselseitigen Zusammenhängen zu wissen. **Thales von Milet** (ca. 625–545) wurde auf dem Gebiet der Astronomie ein berühmter Mann, als es ihm gelang, eine Sonnenfinsternis exakt vorauszuberechnen. Zudem gilt er als der älteste bekannteste Philosoph. **Euklid** (ca. 450–380) schrieb dreizehn Bücher, die den Titel „Elemente" tragen. Sie enthalten eine systematische Darstellung der geometrischen Begriffe. **Eratosthenes** (um 284–200) war der Verfasser einer Schrift über die Erdmessung und Begründer der Lehre von der Kugelgestalt der Erde. Er wurde zum Direktor der damals wichtigsten und weltberühmten Bibliothek in Alexandria (Ägypten) berufen. Sie alle hinterließen Spuren in der Geschichte der Mathematik und sind noch heute in den Schulbüchern mit ihren grundlegenden mathematischen Aussagen gegenwärtig.

## ▶ GESCHICHTSSCHREIBUNG

Herodot von Halikarnassos und der Athener Thukydides gelten als die Begründer der Geschichtsschreibung. **Herodot** (485–430) berichtete in seinen „Historien" über die Zeit der Perserkriege und schildert dabei den Aufstieg des Perserreiches und die Vorgeschichte Athens und Spartas. Er war auch sehr an der Geografie interessiert und beschäftigte sich ausführlich damit in seinen Werken. Über seine Vorgehensweise schrieb er: „Doch ist meine Pflicht, alles, was ich höre, zu berichten, freilich nicht, alles Berichtete zu glauben. Dies gilt für mein ganzes Geschichtswerk." Herodot beschrieb noch wie Götter etwa mit Orakelsprüchen in das menschliche Geschehen eingreifen.
**Thukydides** (455–399/98) schrieb die Geschichte des Peloponnesischen Krieges zwischen Athen und dem von Sparta geführ-

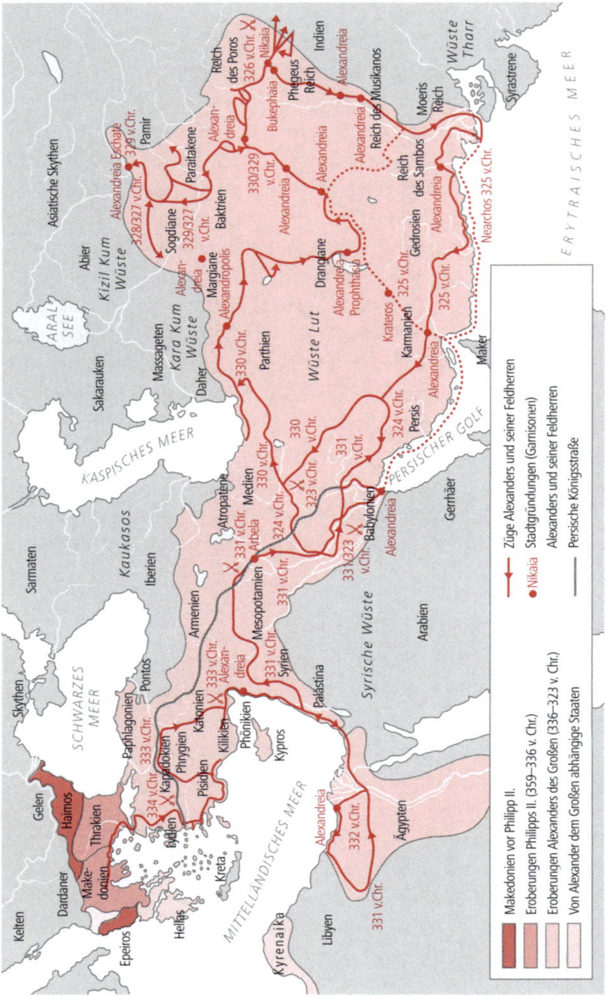


Das Weltreich Alexanders des Großen

ten Bund. Er engte seine Thematik weitestgehend auf „politische“ Geschichte ein. Er forschte nach Ursachen und Folgen, die sich allein aus dem Handeln der Menschen ergeben. Über seine Vorgehensweise schrieb Thukydides: „Was aber tatsächlich in dem Krieg geschah, erlaubte ich mir nicht nach Auskünften des ersten Besten aufzuschreiben, auch nicht nach meinem Dafürhalten, sondern bin Selbsterlebtem und Nachrichten von andren mit aller erreichbaren Genauigkeit bis ins Einzelne nachgegangen.“



**Alexander der Große, 356–323 v. Chr.**
Alexander war der Sohn des makedonischen Königs Philipps II. Seine Ausbildung leitete der griechische Philosoph Aristoteles. Nach dem gewaltsamen Tod seines Vaters übernahm Alexander zwanzigjährig die Herrschaft. Bis zu diesem Zeitpunkt hatte Philipp bereits Griechenland unterworfen und war zum Führer der „Korinthischen Liga“ geworden. Alexander brach mit 40 000 Mann (Makedonen, Bundesgenossen, griechischen Söldnern) zum Feldzug gegen das Perserreich auf. 333 besiegte er bei Issos den persischen Großkönig **Dareios III.** In Ägypten wurde Alexander zum Pharao gekrönt und von der Priesterschaft des Ammonorakels als Sohn dieses Gottes begrüßt. Die Gründung der ägyptischen Stadt Alexandria ist auf ihn zurückzuführen. Alexander eroberte weite Teile Asiens. In den Jahren 330–325 führte er sein Heer durch den Iran bis nach Indien. Als seine erschöpften Truppen den Weitermarsch verweigerten, fuhr er den Indus hinunter und zog durch die Wüste zurück nach Westen. 323 starb er nur 33-jährig in Babylon an Fieber. Er wurde in Alexandria beigesetzt. Alexander hinterließ ein riesiges Reich, das aber nicht gefestigt war (↗ Hellenismus, S. 24).

- **359–336** Aufstieg Makedoniens unter der Führung seines König **Philipps II.**
- **336–323** **Alexander** tritt die Nachfolge Philipps II. an, erobert viele Länder und beherrscht ein Weltreich.
- **323–1. Jh.** Herausbildung der drei Nachfolgereiche (**Diadochen**), die später von Rom unterworfen werden:

*Königreich des Ptolemaios I.* entlang der nordafrikanischen Küste von Libyen nach Ägypten und Palästina.
*Königreich des Seleukos*, über Syrien, Kleinasien, Mesopotamien und fast ganz Persien,
*Königreich des Antigonos*, in Makedonien und Teilen Griechenlands.

**148** Makedonien wird römische Provinz.

## ▶ HELLENISMUS

Der Begriff „Hellenismus" bezeichnet eine Epoche der griechischen Geschichte. Sie begann mit der Herrschaft Alexanders des Großen und dauerte bis zur Eroberung der Nachfolgereiche (Diadochenreiche) durch die Römer (1. Jh. v. Chr.). Die griechische Kultur beeinflusste das Leben in den Städten von Europa bis nach Indien und vermischte sich mit der Lebensweise der einheimischen Bevölkerung. Diese wird als hellenistische Mischkultur bezeichnet. Durch die Ausdehnung des Römischen Reiches kam es auch zur Aneignung der griechischen Kultur, Literatur und Wissenschaft durch die Römer. So erhielt die römische Literatur von griechischen Schriftstellern ihre wichtigsten Anregungen.

## Lerncheck

| **Kapitel „Das antike Griechenland“** | **O.K. ✔** | **Das muss ich noch mal lesen** |
|---|---|---|
| Ich kann die wichtigsten griechischen Götter und ihre Zuständigkeiten benennen. | | S. 8, 9 |
| Ich kann die Bedeutung der Olympischen Spiele für die Griechen erläutern. | | S. 11 |
| Ich kann wichtige Stationen der politischen Entwicklung in Athen nennen. | | S. 12–15 |
| Ich kann die Begriffe „Demokratie“, „Aristokratie“, „Monarchie“ und „Polis“ erklären. | | S. 12, 14 |
| Ich kann wichtige Unterschiede zwischen Athen und Sparta beschreiben. | | S. 12–14, 16–18 |
| Ich kann den Unterschied zwischen Bürgern und Nichtbürgern erklären. | | S. 14, 15 |
| Ich kann Beispiele für die Prägung Europas durch die griechische Kultur nennen und erläutern. | | S. 20, 21 |
| Ich kann erläutern, warum Alexander den Beinamen „der Große“ erhielt, und begründen, ob ich die Bezeichnung für angemessen halte. | | S. 23 |
| Ich kann darlegen, was der Begriff „Hellenismus“ bedeutet. | | S. 24 |

# 2 Die römische Republik

| 500 | | 400 | | 300 |
|---|---|---|---|---|
| um 500 v. Chr. Rom wird Republik | | 386 v. Chr. Eroberung Roms durch die Kelten | | |

## 2.1 Das frühe Rom

**BEISPIEL Gründungssage Roms**
Nach der Gründungssage wurden die Zwillinge Romulus und Remus von ihrem Großonkel in einem Korb auf dem Tiber ausgesetzt, weil er ihren rechtmäßigen Anspruch auf den Königsthron fürchtete. Sie wurden jedoch ans Ufer getrieben und von einer Wölfin gesäugt. Als sie älter waren, brachten sie ihren Großvater, den ursprünglichen König, wieder auf den Thron und beschlossen, auf einem Hügel, dem Palatin, eine Stadt zu gründen. Der Sage nach geschah dies im Jahr 753 v. Chr.

Aus antiken Berichten und Funden in Rom und Umgebung rekonstruieren Historiker und Archäologen die Anfänge Roms. Demnach wanderten verschiedene Stämme um 1000 v. Chr aus dem Norden nach Italien ein. In der Folge entstanden am Unterlauf des Tibers mehrere Siedlungen, aus deren Zusammenschluss sich die Stadt Rom entwickelte. Einen großen Einfluss in Mittelitalien übte das Volk der **Etrusker** aus. Die Stadt mit einem kleinen umliegenden Gebiet geriet um 600 v. Chr unter ihre Herrschaft und wurde bis etwa 500 v. Chr von etruskischen Königen regiert. Gegen diese lehnte sich der Adel auf und vertrieb sie.

| 200 | | 100 | | |
|---|---|---|---|---|
| 218–201 v. Chr. Zweiter Punischer Krieg | 133–122 v. Chr. Reformversuche der Gracchen | 104 v. Chr. Heeresform des Marius | 44 v. Chr. Ermordung Caesars | |



### ▶ PATRIZIER UND PLEBEJER

Der Adel bestand, wie in Athen, aus den vornehmen Familien, die seit Generationen schon angesehen, einflussreich und reich an Grundbesitz waren. Nach der Vertreibung der Etrusker übernahmen sie die Regierung der Stadt. Die Adligen hießen in Rom Patrizier. Die Schicht der einfachen Leute nannte man Plebejer. Meist schlossen sich die Plebejer einem Patrizier als Patron an und wurden so seine Klienten. Dieser vertrat sie in Streitfällen vor Gericht. Im Gegenzug stimmten die Plebejer in der Volksversammlung im Sinne ihres Patrons ab. Die Auseinandersetzungen zwischen Patriziern und Plebejern prägten die ersten Jahrhunderte der römischen Republik (**Ständekämpfe**).

- **um 450** Zwölftafelgesetz: Zum ersten Mal werden auf Tafeln Gesetze für die römischen Bürger veröffentlicht.
- **nach 445** Das Gesetz über das Verbot der Ehe zwischen Patriziern und Plebejern wird aufgehoben.
- **367** Die Plebejer werden den Patriziern bei der Besetzung des Konsulats gleichgestellt. Einer der beiden Konsuln muss künftig Plebejer sein.
- **287** Ein Beschluss der Plebejerversammlung hat die gleiche Gültigkeit wie ein Gesetz der Volksversammlung.

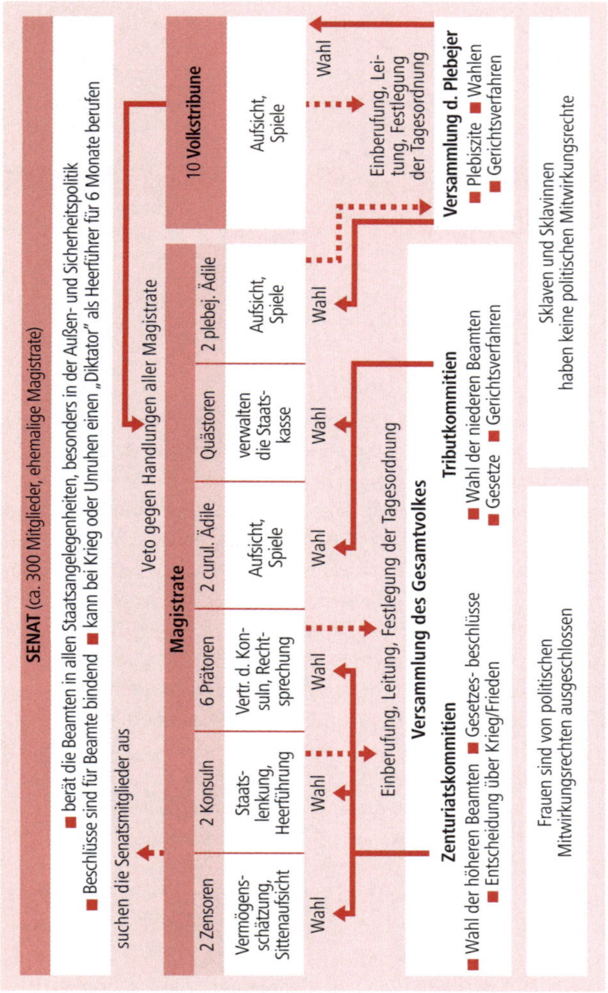


Die Regierung der Römischen Republik

▶ **ZWÖLFTAFELGESETZ**

Das Zwölftafelgesetz ist ein wichtiger Schritt in der Entwicklung der Rechtsprechung. Es trat im Verlauf der Ständekämpfe an die Stelle eines alten und von den Patriziern willkürlich gehandhabten Gewohnheitsrechtes. In den Jahren 451 und 450 schrieb eine Kommission von zehn Männern die Gesetze auf zunächst zehn Bronzetafeln, die dann noch um zwei weitere ergänzt wurden. Damit wurde die Forderung von den Plebejern, die Schaffung von Rechtssicherheit, erfüllt und der Willkür adliger Richter und Beamter besonders im Verfahren gegen Schuldner ein Riegel vorgeschoben.



▶ **REPUBLIK**

Die Römer nannten ihren Staat nach der Vertreibung der Könige „res publica“, „die gemeinsame Sache“. Sie machten damit deutlich, dass im Gegensatz zur Monarchie die politischen Entscheidungen im Staat nicht die Sache eines Einzelnen waren. Jedoch war die römische Republik keine Demokratie (↗ S. 14) sondern immer eine Aristokratie (↗ S. 14), da zunächst die Patrizier (↗ S. 22) die entscheidenden politischen Ämter besetzten. Ab Anfang des 3. Jahrhunderts v. Chr. bildete sich eine herrschende Schicht, die **Nobilität**, der Amtsadel, aus Aufsteigern unter den Plebejern und den Patriziern heraus.
Heute versteht man unter einer Republik einen Staat, dessen Oberhaupt kein König ist und in dem das Volk oder Teile des Volkes Einfluss auf die Wahl des Oberhaupts und der Regierung besitzen. Republik bedeutet nicht Demokratie.

## 2.2 Vom Stadtstaat zur Großmacht

- **498–493** Krieg gegen die Latiner.
- **406–396** Krieg gegen die etruskische Stadt Veji.
- **386** Eroberung Roms durch die Kelten.
- **343–341** 1. Krieg gegen die Samniten.

- **329** Sieg über die Volsker.
- **312** Baubeginn der Via Appia von Rom nach Capua.
- **326–304** 2. Krieg gegen die Samniten.
- **298–290** 3. Krieg gegen die Samniten und ihre Verbündeten.
- **285–282** Krieg gegen die Kelten.
- **282–272** Krieg gegen die Stadt Tarent und deren Verbündeten, den griechischen König Pyrrhos.

## ▶ ITALIKER

Die auf der Apenninenhalbinsel lebenden Stämme Latiner, Umbrer, Sabiner, Samniten, Volsker bezeichnet man als Italiker. Sie sprachen ursprünglich nicht lateinisch, sondern hatten ihre eigenen Sprachen. Um 250 v. Chr. hatten die Römer alle italischen Stämme unterworfen und zu Bundesgenossen gemacht. Nach Beendigung des Bundesgenossenkrieges 88 v. Chr. erhielten sie das römische Bürgerrecht (↗ S. 48).

## ▶ EXPANSION

Zwischen 500 und 272 v. Chr. gelang es Rom, seine Herrschaft über ganz Italien auszuweiten. Das Bestreben eines Staates, seine Macht auf andere Staaten auszudehnen, nennt man Expansion. Die Vergrößerung des Einflussbereichs kann mit militärischen, aber auch mit wirtschaftlichen oder mit politischen Mitteln erfolgen. In vielen Fällen haben die Römer den Unterworfenen ein Stück Selbstständigkeit belassen und nach dem Prinzip „teile und herrsche" (lat. „divide et impera") gehandelt. Sie schlossen mit ihnen Verträge, in denen sie sich gegenseitige Unterstützung bei Angriffen und Frieden für ewige Zeiten versprachen. Die Bundesgenossen Roms in Italien gaben somit ihre militärische und außenpolitische Selbstständigkeit auf, regelten ihre inneren Angelegenheiten jedoch selbst (↗ Provinz, S. 43; ↗ Imperium Romanum, S. 44–45). In unsicheren Gebieten wurden zudem Kolonien gegründet. Dies waren befestigte Siedlungen oder Städte. Sie dienten dem Schutz und auch als Mittel, die Bundesgenossen zu kontrollieren.

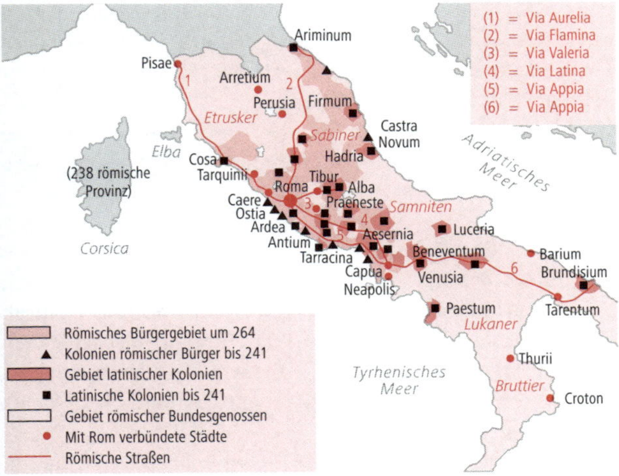


Die römische Republik

## 2.3 Rom und Karthago

**BEISPIEL Gründungsgeschichte Karthagos**

Ebenso wie Rom besaß Karthago eine Gründungslegende, die gerne weitererzählt wurde. Als traditionelles Datum für die Stadtgründung wird das Jahr 814 genannt. Nach der Überlieferung verdankt die als Handelsmacht im westlichen Mittelmeer rasch aufblühende Stadt ihre Gründung der Königstochter Dido. Sie stammte aus Tyros, einer der wichtigsten phönizischen Städte an der Küste des heutigen Libanon. Die **Phönizier** sorgten damals für den Vertrieb von Waren rund um das Mittelmeer. Als Dido an der nordafrikanischen Küste landete, wurde sie von den Einheimischen freundlich aufgenommen. Ihr wurde gestattet, so viel Land zu kaufen, wie sie mit einer Ochsenhaut bedecken könne. Listig schnitt sie die Haut in dünne Streifen und umgrenzte so das Land, das sie gerne haben wollte.

Der Name „Punier“ ist die römische Bezeichnung für die phönizischen Bewohner Nordafrikas, besonders die Karthager. Diese waren ab dem 7. Jahrhundert eine große See- und Handelsmacht im westlichen Mittelmeer.
Über lange Zeit waren die Beziehungen zwischen Rom und Karthago gut. In Verträgen versprach man sich, die gegenseitigen Interessen zu achten.

## Die Punischen Kriege

**264–241** Streitigkeiten um die Stadt Messina auf Sizilien lösen den Ersten Punischen Krieg zwischen Rom und Karthago aus: Die Römer gewinnen durch einen entscheidenden Seesieg. Karthago muss Kriegsentschädigungen zahlen und seinen Stützpunkt Sizilien, das römische Provinz wird, räumen.

**218–201** Hannibals Expansionsdrang in Spanien verursacht den Zweiten Punischen Krieg zwischen Rom und Karthago: Karthago verliert nach seiner Niederlage seine Vormachtstellung im westlichen Mittelmeer. Es muss eine gewaltige Kriegsentschädigung zahlen und seine Flotte ausliefern. Kriegsführung ist künftig nur mit Billigung Roms gestattet (↗ Hannibal).

**149–146** Der Bruch des Friedensvertrages von 201 führt zum Dritten Punischen Krieg: Karthago wird nach langer Belagerung erobert und anschließend zerstört.

### Hannibal, 247–183 v. Chr.

Bereits sein Vater **Hamilkar Barkas** war karthagischer Heerführer und Politiker. Als sein Schwager Hasdrubal einem Mordanschlag zum Opfer fiel, übernahm der 25-jährige Hannibal mit Einwilligung des karthagischen Senats die Herrschaft. Nach der Niederlage im Ersten Punischen Krieg versucht Karthago in Spanien eine neue Handels- und Machtbasis aufzubauen. Durch die Eroberung Sagunts (Spanien) löste Hannibal den Zweiten Punischen Krieg aus. Zur Überraschung der Römer zog er mit 20 000 Soldaten, 6000 Reitern sowie Elefanten von Spanien aus über

Frankreich durch das Rhonetal und die Schweiz über die Alpen von Norden nach Italien. In der berühmten Schlacht bei Cannae in Süditalien konnten die zahlenmäßig unterlegenen Karthager die römische Armee vernichtend schlagen (216), indem sie die Schlachtreihe seitlich umfassten und die römischen Legionen von hinten überraschten. Den Römern gelang es aber in den folgenden Jahren, Hannibal von der Versorgung in Italien abzuschneiden, sodass dieser nach Afrika zurückkehrte, wo er bei Zama (202) die Entscheidungsschlacht verlor. 183 beging er wegen eines Auslieferungsantrags der Römer Selbstmord.



## 2.4 Die römische Gesellschaft

### ▶ PROLETARISIERUNG

Die Expansion (↗ S. 30) veränderte die römische Gesellschaft. Durch die zahlreichen Kriegszüge verarmten die Kleinbauern. Sie wurden zum Heeresdienst herangezogen und mussten ihre Bewaffnung selbst bezahlen. Aufgrund ihrer häufigen Abwesenheit von zu Hause konnten sie nicht mehr ihre Felder bestellen und ihren Lebensunterhalt sichern. Zahlreiche verarmte Bauern mussten ihr Land an adlige Großgrundbesitzer verkaufen und zogen nach Rom, wo sie von Spenden der Reichen oder des Staates lebten. Dort nannte man sie **Proletarier**, da sie außer ihren Nachkommen (proles) und ihrem Bürgerrecht nichts besaßen. Als Stimmberechtigte waren sie durch „Brot und Spiele“ leicht beeinflussbar.

**BEISPIEL** **Sklaven**

Sklaven waren nach römischen Recht eine Sache, über die der Besitzer frei verfügen konnte. Sie besaßen keine persönlichen Rechte. Ihre Lage hing stark davon ab, zu welchen Tätigkeiten sie herangezogen wurden. Sie wurden vor allem im Bergbau und in der Landwirtschaft eingesetzt, gebildete Sklaven waren aber auch als Hauslehrer oder Ärzte tätig. Sklaven waren oft ehemalige Kriegsgefangene, aber auch durch Schulden konnten Menschen in Sklaverei geraten (Schuldknechtschaft). Kinder von Sklaven blieben Sklaven. Sklaven konnten aber auch von ihrem Herren freigelassen werden. Sie erhielten dann Namen und Würde eines römischen Bürgers (↗ Bürgerrecht, S. 48). Es wird geschätzt, dass am Ende der römischen Republik ca. 300 000 Sklaven in Rom lebten. Dies entspräche einem Drittel der Bevölkerung.

- **135–132** 1. Sklavenaufstand: In Sizilien revoltieren viele Sklaven gegen ihre Herren. 8000 römische Soldaten werden gegen 20 000 bewaffnete Sklaven eingesetzt.
- **104–100** 2. Sklavenaufstand: Erneut erheben sich zahlreiche Sklaven gegen ihre Herren in Sizilien. Römische Soldaten kämpfen gegen 40 000 Sklaven.
- **73–71** 3. Sklavenaufstand: Der Aufstand in Süditalien unter der Führung des Gladiators **Spartacus** endet nach anfänglichen Erfolgen blutig: Spartacus fällt, 6000 Sklaven werden entlang der Via Appia gekreuzigt.

**BEISPIEL** **Familie**

Die Beziehungen innerhalb einer römischen Familie unterscheiden sich deutlich von denen der heutigen Familie. Der Hausvater **pater familias** herrschte über alle Güter und Personen in seinem Haushalt, d. h. seine Frau, Kinder, Enkelkinder und auch die Sklaven. Zu dieser Herrschaft gehörte auch die Hausgerichtsbarkeit. Es gab kein Gesetz, das seine Gewalt über alle Familienangehörigen einschränkte.

Frei geborene Frauen verblieben grundsätzlich unter der Aufsicht eines Vormunds. Dies konnte der Vater, der ältere Bruder oder auch später der Ehemann sein. Rechtlich selbstständig wurden sie erst, sobald sie drei eheliche Kinder geboren hatten.

Eine Ehe konnte durch einjähriges Zusammenleben oder durch Abschluss eines Vertrags zwischen Brautvater und Bräutigam geschlossen werden.

## 2.5 Bürgerkrieg und Untergang der Republik

### ▶ POPULAREN UND OPTIMATEN

Die Kriege und Ausbreitung des Römischen Reiches hatten einen Einfluss auf die Politik des Adels. Nach der Ermordung des Tiberius Sempronius Gracchus bildeten sich im Senat zwei Gruppen heraus: Popularen und Optimaten.
Die **Popularen** (von populus = das Volk) wollten durch Beschlüsse in der Volksversammlung Reformen durchsetzen und die Macht des Senats beschränken. Die Optimaten setzten sich für die Interessen und die Vormachtstellung des Senats ein. Die Auseinandersetzungen beider Parteien spitzten sich im Bürgerkrieg zu. Die berühmtesten Vertreter der Popularen waren die **Gracchen, Marius** und **Caesar**, auf der Seite der Optimaten ist **Sulla** zu nennen.



**133** Auf Initiative des Volkstribunen **Tiberius Sempronius Gracchus** wird in Rom gegen den massiven Widerstand des Senats und der Großgrundbesitzer eine Landreform verkündet, die u. a. eine Neuverteilung des Bodens vorsah. Als Tiberius seine Wiederwahl betreibt, wird er von Senatoren erschlagen und seine Anhänger werden blutig verfolgt.

**123–122** **Gaius Sempronius Gracchus** erneuert das Ackergesetz und führt die sozialen Reformen seines älteren Bruders weiter. Auch er scheitert am Widerstand des Senats und findet den Tod in blutigen Straßenkämpfen. Viele seiner Anhänger fallen blutigen Verfolgungen zum Opfer (angeblich 3000 Hinrichtungen).

**107** Unter dem Konsul **Marius** wird eine Heeresreform durchgeführt: Das Heer wird in eine Armee von Berufssoldaten umgewandelt.

**104–100** Marius wird wegen der Bedrohung durch den germanischen Stamm der Kimbern in ununterbrochener Folge Konsul.

- **91–88** Im Bundesgenossenkrieg siegt Rom über die aufständischen Italiker. Zur endgültigen Befriedung wird der freien Bevölkerung Italiens (bis zum Apennin) das römische Bürgerrecht verliehen.
- **88** Konsul **Sulla** überschreitet mit seinen Soldaten die geheiligte Stadtgrenze, an der eigentlich jeder Amtsträger seine militärische Befehlsgewalt abgeben muss und nimmt gewaltsam Rom ein.
- **82–79** Als Diktator bricht Sulla die Macht der Popularen und stellt die uneingeschränkte Herrschaft des Senats wieder her.
- **79** Sulla legt freiwillig die Diktatur nieder und zieht sich ins Privatleben zurück.

## ▶ PROSKRIPTION

Die Gegensätze zwischen Anhängern der Popularen und Optimaten mündeten in blutigen Auseinandersetzungen. Die Grausamkeit des Bürgerkriegs wurde durch das von beiden Seiten angewandte Verfahren der Vernichtung politischer Gegner durch **Proskription** verschärft. Dabei wurden politische Gegner namentlich erfasst und auf eine öffentliche Liste gesetzt. Diese Personen verloren ihr Vermögen, wurden für vogelfrei erklärt und durften von jedermann umgebracht werden. Ihre Nachkommen wurden von öffentlichen Ämtern ausgeschlossen. Sulla ließ 82 v. Chr. nach seinem Einzug in Rom zahlreiche politische und persönliche Gegner mittels Proskription töten. Es sollen mindestens 40 Senatoren und 150 Ritter umgebracht worden sein.
Auch das zweite **Triumvirat** (Antonius, Lepidus und Octavian) nutzte das Instrument der Proskription im Krieg gegen die Mörder Caesars. Wenigstens 200 Senatoren, unter ihnen Cicero, und 2000 Ritter wurden ermordet.

## ▶ DIKTATUR

Das Amt des Diktators war in der römischen Verfassung (↗ S. 28) für besondere Krisensituationen vorgesehen. Auf Vorschlag des

Senats konnte einer der beiden Konsuln einen Diktator als außerordentlichen Beamten benennen. Seine Amtszeit war höchstens auf sechs Monate beschränkt. Ursprünglich war das Amt zur Abwehr einer Bedrohung von außen gedacht. Die Diktatoren in der späten Republik haben mit dieser Absicht nichts mehr zu tun. Sulla erhielt im Bürgerkrieg vom Senat die Diktatur auf unbegrenzte Zeit, „für die Neuordnung des Staates“.



- **78–67** Seeräuber ruinieren den Handel im gesamten Mittelmeerraum.
- **70** Pompeius wird Konsul, ohne zuvor die beschriebene Ämterlaufbahn absolviert zu haben.
- **67** Zur Bekämpfung der Seeräuber im östlichen Mittelmeer erhält Pompeius außerordentliche Vollmachten, wie es bisher in der römischen Geschichte noch nicht der Fall gewesen war.
- **60** Erstes **Triumvirat: Pompeius, Caesar** und **Crassus**.
- **58–51** Caesar erobert Nord- und Mittelgallien.
- **49–45** Bürgerkrieg zwischen den Anhängern Caesars und Pompeius’, aus dem Caesar als Sieger hervorging.
- **44** Caesar wird im Senat von Gegnern seiner diktatorischen Alleinherrschaft ermordet.

### ▶ TRIUMVIRAT

Ein von römischen Behörden häufig eingesetzter Ausschuss von drei Männern zur Erledigung spezieller politischer oder religiöser Aufgaben wurde Triumvirat genannt (dt. drei Männer). Um ihre politischen Ziele besser durchsetzen zu können, trafen Pompeius, Caesar und Crassus private Absprachen. So wurde Caesar im Jahr 59 zum Konsul gewählt und erhielt nach einem Amtsjahr die Provinz Gallien als Statthalter. Crassus wurde Mitglied der Ackerkommission und Pompeius konnte ein Ackergesetz durchsetzen und somit die Veteranen versorgen.

Nach der Ermordung Caesars trafen **Antonius, Lepidus** und **Octavian** gleichfalls Absprachen (zweites Triumvirat). Sie teilten untereinander zunächst das Reich auf. Antonius erhielt den Osten, Octavian den Westen, Lepidus Afrika. Aus diesem Triumvirat schied Lepidus bald durch seine Wahl zum höchsten Priester aus.

**Gaius Julius Caesar, 100–44 v. Chr.**

Caesar stammte aus einer alten patrizischen Familie und bekleidete mehrere hohe römische Ämter. Er war Führer der Popularen (↗ S. 35) wie sein Onkel Marius. 61 war er Statthalter von Südspanien, 59 Konsul und danach Prokonsul in Gallien. Sein einstiger Verbündeter Pompeius entwickelte sich allmählich zu seinem Gegner im Kampf um die beherrschende Stellung im Senat. Als der Senat ihn 49 aufforderte das militärische Kommando niederzulegen, weigerte sich Caesar und fiel nach Italien ein. Im vier Jahre dauernden Bürgerkrieg behielt er die Oberhand. Ende 48 wurde Caesar für ein Jahr zum Diktator ernannt, 46 erhielt er die Diktatur auf zehn Jahre und 44 auf unbestimmte Zeit. Vom Senat bekam er darüber hinaus zahlreiche außerordentliche Ehren und Vollmachten verliehen. Im März 44 wurde er von 60 Angehörigen des Senats unter Führung von Brutus und Cassius ermordet. Sie sahen in der Machtfülle Caesars eine Gefahr für die bestehenden Staatseinrichtungen, besonders den Senat. In seinem Testament bestimmte Caesar seinen Großneffen Gaius Octavius, den späteren Augustus, zum Haupterben.

- **44–31** Die Erben Caesars besiegen im Bürgerkrieg seine Mörder und die Erben des Pompeius.
- **43** Antonius, Octavian und Lepidus schließen sich zum zweiten Triumvirat zusammen.
- **32–30** Die Partei des **Antonius** unterliegt im Bürgerkrieg der Partei des Octavian.
- **30** Selbstmord von Antonius und der ägyptischen Königin **Cleopatra**. Ägypten wird römische Provinz.

## Lerncheck

| Kapitel „Die römische Republik“ | O.K. ✔ | Das muss ich noch mal lesen |
| --- | --- | --- |
| Ich kann erklären, was die Ständekämpfe waren und welche Bedeutung sie in der römischen Republik hatten. | | S. 27, 28 |
| Ich kann den Begriff „Republik“ erklären. | | S. 28 |
| Ich kann erläutern, welche Ämter und Einrichtungen es in der römischen Republik gegeben hat. | | S. 28, 29 |
| Ich kann wichtige Stationen der römischen Ausdehnung benennen. | | S. 28, 30–32 |
| Ich kann Folgen der Ausdehnung der römischen Herrschaft auf die römische Gesellschaft benennen und erläutern. | | S. 33, 34 |
| Ich kann erklären, wie man in Sklaverei geraten konnte. | | S. 33, 34 |
| Ich kann die Beziehungen in einer römischen Familie beschreiben. | | S. 34 |
| Ich kann wiedergeben, wie es zum Bürgerkrieg in der römischen Republik gekommen ist und welche Gruppen es in der Auseinandersetzung gab. | | S. 35–37 |
| Ich kann erläutern, wie und warum es zur Ermordung Cäsars gekommen ist. | | S. 37, 38 |

# 3 Das römische Kaiserreich

| 0 | | 100 | | 200 |
|---|---|---|---|---|
| 27 v. Chr bis 14 n. Chr. Prinzipat Augustus | | 117 n. Chr. Größte Ausdehnung des Römischen Reichs | | 212 n. Chr. Bürgerrechte für alle freien Reichsbewohn |

## 3.1 Das Prinzipat

- **27 v. Chr.** Octavian erhält vom Senat den Beinamen Augustus (der Erhabene). Der Monat Sextilis wird ihm zu Ehren in „August" umbenannt.
- **12 v. Chr.** Augustus wird zum Pontifex Maximus (Oberhaupt aller römischer Priester) gewählt.
- **2 v. Chr.** Augustus erhält vom Senat, der Ritterschaft und dem Volk den Ehrentitel „Vater des Vaterlands" (pater patriae) verliehen.
- **14 n. Chr.** Nach dem Tod von Kaiser Augustus bleibt die Staatsform der Monarchie bestehen. Die Nachfolge als princeps (↗ Prinzipat) tritt Tiberius an.

Das Prinzipat wurde als Herrschaftsform von Augustus eingeführt. Nach außen blieb Rom weiterhin eine Republik (↗ S. 28). Tatsächlich standen jedoch Augustus und seine Nachfolger an der Spitze der Herrschaft und regierten wie Monarchen. Der Begriff „Prinzipat" charakterisiert dies, denn er bedeutet *Vorherrschaft* und ist vom Lateinischen „princeps", der Erste abgeleitet. Augustus nahm im Jahr 27 v. Chr. den Titel „princeps civium" („erster Bürger im Staat") an.

| 300 | | 400 | | 500 | |
|---|---|---|---|---|---|
| 293 n. Chr. Tetraische Neuordnung | | 395 n. Chr. Teilung des Römischen Reichs | | 476 n. Chr. Ende des Weströmischen Reichs | |



**Augustus, 63 v. Chr. bis 14 n. Chr.**

Augustus war Großneffe Caesars und von diesem adoptiert worden. Seitdem trug er den Namen C. Julius Caesar Octavianus. Mit 19 Jahren fiel dem körperlich wenig robusten jungen Mann die Aufgabe zu, den Tod seines Ziehvaters zu rächen. Nach der Ausschaltung seiner ehemaligen Partner Antonius und Lepidus im Triumvirat (↗ S. 37–38) begann er mit der Neuordnung des Staates. Dabei bewahrte er rein äußerlich die Form der römischen Republik, indem er die Aufgaben des Senats und des Magistrats unangetastet ließ. Die Senatoren konnten weiterhin an der Herrschaft teilnehmen. Sie konnten wichtige Ämter bekleiden oder Statthalter in einer Provinz werden.

Dennoch wurde die eigentliche Politik in Wahrheit von Augustus gemacht. Das von den Bürgerkriegen gezeichnete kriegsmüde Rom dankte ihm die Wiederherstellung friedlicher Verhältnisse im Innern mit einer Reihe außerordentlicher Machtbefugnisse. Die Grenzen des Reiches sicherte er durch Feldzüge und Verträge (Pax Augusta). Seine Herrschaft gilt als Goldenes Zeitalter der lateinischen Kunst und Literatur, die staatlich gefördert wurden. Durch ein ausgedehntes Bauprogramm (Tempel, Theater, Wasserleitungen) verringerte er die Arbeitslosigkeit. Nach seinem Tod wurde sein Sohn Tiberius sein Nachfolger. Für Augustus und seine Nachfolge wird auch der Begriff „Kaiser" (abgeleitet von „Caesar") verwendet.

## 3.2 Römer und Germanen

### ▶ GERMANEN

Ab dem 6. Jahrhundert v. Chr. hatte sich zwischen Elbe und Oder eine Völkergruppe mit eigener Sprache und Kultur herausgebildet, die sich ständig ausbreitete. Nachrichten über die Germanen verdanken wir **Caesar**, der in einer Schrift (De Bello Gallico) über sie berichtete, und dem römischen Geschichtsschreiber **Tacitus**. Weitere Informationsquellen sind Inschriften, bildliche Darstellungen sowie Ausgrabungsergebnisse. Am Ende des 2. Jahrhunderts v. Chr. stießen die Germanen zum ersten Mal mit den Römern zusammen, als die Kimbern und Teutonen über die Alpen nach Italien vordrangen. Bei Feldzügen des Drusus (11–9 v. Chr.) und Tiberius (8–6 v. Chr.) erreichten römische Truppen mehrfach die Elbe. Nördlich der Alpen wird die Provinz Raetia mit der Hauptstadt Augusta Vindelicum (Augsburg) eingerichtet.

- **58–51 v. Chr.** Unter Caesar erobern die Römer Gallien bis zum Rhein und vertreiben die nach Gallien eingedrungenen Germanen.
- **9 n. Chr.** Schlacht im Teutoburger Wald: Für diese Schlacht werden mittlerweile mehr als 30 Orte angeboten. Große Wahrscheinlichkeit besitzt die Annahme, dass sie am Kalkrieser Berg bei Osnabrück stattfand. Der Cheruskerfürst Arminius, der zuvor im römischen Heer gedient hatte, schlägt mit seinen Verbündeten die an den Rhein zurückmarschierenden römischen Truppen unter Varus. Drei Legionen werden vollständig aufgerieben, Varus begeht Selbstmord.
- **14–16 n. Chr.** Verlustreiche Feldzüge des Germanicus nach Germanien.
- **69/70 n. Chr.** Die Erhebung gallischer und germanischer Stämme gegen die römische Herrschaft über die Rhein- und Moselgebiete scheitert.

## ▶ LIMES

Der Limes war eine 550 km lange Grenzbefestigung, die vom Rhein nördlich von Andernach bis in die Nähe von Regensburg an der Donau reichte. Er diente der Abwehr der germanischen Stämme. Entlang dem Limes bauten die Römer zur weiteren Sicherung Kastelle. Unter Kaiser Hadrian entstand entlang dem südlichen Limes eine hölzerne Palisadenbefestigung. Später wurde zusätzlich eine bis zu 3 m hohe Mauer gebaut. In kurzen Entfernungen standen Wachtürme, deren Besatzungen sich durch Rauch oder Feuer verständigen konnten. Auch in Britannien können zwei Linien als Limes bezeichnet werden. Unter Kaiser Hadrian (122–128) wurde in Nordengland eine entsprechende Grenzbefestigung gebaut. Im dritten Jahrhundert wurde der Limes von den Alamannen durchbrochen und verlor seine Aufgabe als Verteidigungslinie.



## ▶ LEGION

Eine Legion war die größte militärische Einheit des römischen Heeres und konnte bis zu 6000 Mann zu Fuß umfassen. Die Legion wiederum wurde in zehn Kohorten zu je 600 Mann untergliedert. Die Dienstzeit in der Legion dauerte 20 Jahre. Das Gepäck eines Legionärs wog etwa 48 kg. Im 2. Jahrhundert n. Chr. standen rund 250 000 Mann unter Waffen.

## ▶ PROVINZ

Zur Organisation ihrer Herrschaft teilten die Römer die eroberten Gebiete in Provinzen ein. Nach dem 1. Punischen Krieg wurde Sizilien die erste Provinz. Die Bewohner der Provinzen waren Untertanen ohne römisches Bürgerrecht (↗ S. 48) (bis 212 n. Chr.) und mussten Steuern und Abgaben zahlen. Verwaltet wurden die Provinzen durch römische Statthalter, die die Provinzen oft rücksichtslos ausplünderten. Kaiser Augustus ordnete die Provinzverwaltung neu. Er gab den Statthaltern ein festes Gehalt und richtete die Versammlung der Provinzialen ein, die Beschwerden beim Kaiser einreichen konnte.

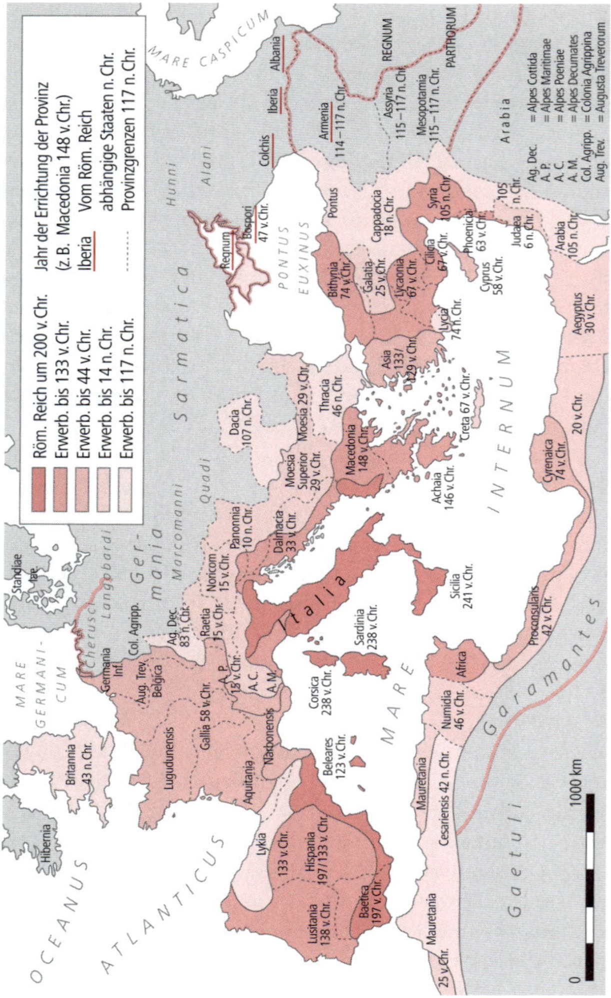


Imperium Romanum – die Ausdehnung des römischen Weltreichs

## 3.3 Leben im Römischen Reich

**79 n. Chr.** Durch den Ausbruch des Vesuvs wird die Stadt Pompeji verschüttet und der Nachwelt erhalten.

**BEISPIEL Wasserversorgung**
Die römische Baukunst brachte Meisterwerke des Wasserbaus hervor. Um das Jahr 100 hatte Rom neun **Aquädukte** (Wasserleitungen). Ein Netz von insgesamt 500 km Länge aus weitgehend unterirdischen Gefälleleitungen versorgte die Stadt unaufhörlich mit Wasser. Die private Wasserversorgung musste bezahlt werden. Außerhalb der Städte wurde das Wasser zum Teil über kunstfertige Brückenbauten geleitet. Die Aqua Claudia transportierte das Wasser aus einem fast 70 km entfernten Ausläufer des Apennin. Gegen Verdunstung durch Sonneneinstrahlung und Verschmutzung wurde der Wasserkanal mit Steinplatten geschützt. Wer Wasser verschmutzte, musste mit hohen Geldstrafen rechnen.



**▶ IMPERIUM**
Ursprünglich wurde mit diesem Wort die Berechtigung römischer Magistrate bezeichnet, Vorschriften zu erlassen. Mit der Expansion (↗ S. 30) des Reichs wurde der Ausdruck auf das Gebiet übertragen, in dem diese Berechtigung galt, auf das Römische Reich (Imperium). Nach der Römerzeit bedeutete das Wort „Kaiserreich“ oder „Weltreich“. Für den Kolonialismus des 19. Jahrhunderts wurde der Begriff „Imperialismus“ geprägt. Großbritannien verstand sich noch im 20. Jahrhundert als British Empire.

**BEISPIEL Fernstraßen**
Gepflasterte Fernverbindungen wie die **Via Appia** (bereits 312 v. Chr. gebaut) zwischen Rom und Capua waren Meisterwerke der Ingenieurkunst. Militärische Einheiten, Händler und Pilger konnten darauf fast jeden Winkel des Römischen Reichs

erreichen. Unter Kaiser **Trajan** (98–117 n. Chr.) betrug das Fernstraßennetz 80 000 km. Über manche der alten Straßen rollt der Verkehr bis heute.

**▶ PAX ROMANA**

Unter dieser Bezeichnung (lat. Römischer Frieden) versteht man die Friedensordnung des Römischen Reichs. Für die unterworfenen Völker im Reich bedeutete die Pax Romana einerseits eine Bereicherung (z. B. Architektur, Landwirtschaft) sowie eine gewisse Stabilität. Andererseits beruhte die römische Herrschaft zumindest zunächst auf Unterdrückung. Unter Kaiser Trajan erreicht das Römische Reich seine größte Ausdehnung.

**BEISPIEL** **Römerstädte in Deutschland**

In Deutschland entstanden viele Städte in der Römerzeit, zahlreiche davon entlang des Limes. Regensburg, Basel, Straßburg, Mainz, Trier, Köln gehen auf römische Siedlungen zurück. Oft hat sich aus einem Militärlager eine Stadt entwickelt. Bei der Anlage von Städten und Siedlungen gingen die Römer planmäßig vor. Dies erkennt man an deren rechteckiger Form und den Straßen, die im rechten Winkel zueinander angelegt wurden. Durch die Städte konnte sich die römische Kultur weiterverbreiten. Es entstanden Theater, Aquädukte, Badeanstalten (Thermen), Tempelbezirke.

## 3.4 Die Krise im 3. Jahrhundert n. Chr.

- **193–284** 39 Kaiser regieren während dieser Zeit Rom („**Soldatenkaiser**“). Sie werden vom Militär zu Kaisern ausgerufen und meist recht bald wieder gestürzt.
- **um 250** Angehörige des germanischen Stammes der Alamannen dringen über den Limes ins Römische Reich ein.
- **259** Franken durchbrechen den Limes.
- **284–305** Reformen Kaiser **Diokletians**: ↗ Tetrarchie

**324–337** Kaiser Konstantin I. setzt sich gegen seine Mitkaiser durch und begründet die Alleinherrschaft.

**395** Das Römische Reich wird von Kaiser **Theodosius** in eine westliche und östliche Hälfte geteilt.

### ▶ TETRARCHIE

Unter Kaiser Diokletian wurde das Reich 293 neu geordnet und in vier Verwaltungseinheiten aufgeteilt. Er beschloss, die Last auf mehrere Herrscher zu verteilen, zunächst auf zwei, dann auf vier (tetra) Regenten. Fortan gab es zwei Kaiser (augusti) mit je einem Stellvertreter (caesari). Diokletian übernahm den Osten, sein Mitkaiser Maximianus den Westen. Trier, als Augusta Treverorum von Kaiser Augustus gegründet, wurde dabei zu einer der Hauptstädte erhoben. 3

## 3.5 Prägung Europas durch die Kultur des Imperium Romanum

### ▶ ROMANISIERUNG

Darunter versteht man die Verbreitung der Sprache und Kultur der Römer unter den Völkern, die sie unterworfen hatten. Doch auch die an das Römische Reich angrenzenden Völker, wie die Germanen, kamen mit der römischen Lebensweise in Kontakt und übernahmen Teile davon. Die Romanisierung wirkte besonders in den Teilen des Reichs, wo heute die sogenannten romanischen Sprachen Italienisch, Französisch, Spanisch, Portugiesisch und Rumänisch gesprochen werden.

**BEISPIEL** Latein

Latein war die über die Völker hinweg geltende Verwaltungssprache im Römischen Reich. Es beeinflusste die Sprachen der Provinzbewohner in einigen Gegenden nachhaltig. Auch im Deutschen haben zahlreiche Worte ihre Wurzeln im Lateinischen: Schule, Fenster, Keller, Familie. Auch nach dem Ende des

Römischen Reichs blieb Latein die grundlegende Sprache zur Verständigung in Europa. Bis ins Mittelalter und noch darüber hinaus wurden alle wichtigen Bücher in Latein verfasst.

**BEISPIEL** **Rechtsprechung**
Die praktische Anwendung des Rechts gehört zu den bedeutenden Errungenschaften Roms, die bis heute ihre Spuren hinterlassen hat. So unterschied man bereits in der römischen Republik zwischen Strafsachen (Fällen von Straftaten) und Zivilsachen (Streitfragen zwischen den Bürgern). Das Prinzip „im Zweifel für den Angeklagten" stammt gleichfalls aus dem römischen Rechtswesen. Der Codex Theodosianus wurde im 5. Jahrhundert als Sammlung aller 312 ergangenen kaiserlichen Erlasse veröffentlicht. Er bildet die Grundlage der Rechtsschöpfung in allen späteren romanischen und germanischen Reichen Europas. Eine weitere wichtige Rechtssammlung (Codex) wurde unter Kaiser Iustinian 534 herausgegeben.

## ▶ BÜRGERRECHT

Ursprünglich besaßen nur die männlichen Bewohner Roms das **Bürgerrecht**. Dieses wurde nach dem Bundesgenossenkrieg (91–88 v. Chr.) allmählich auf alle männlichen Bewohner Italiens ausgedehnt. Im Jahr 212 erhielten alle freien Reichsbewohner das Bürgerrecht. Es ist das erste Beispiel für eine einheitliche Staatsbürgerschaft in der Geschichte Europas. Zu den Rechten gehörten unter anderem: Verträge abschließen und Grundeigentum besitzen können, gegen Gerichtsurteile Berufung einlegen zu können und in der Volksversammlung wählen zu können.

## Lerncheck

| Kapitel „Das römische Kaiserreich“ | O.K. ✔ | Das muss ich noch mal lesen |
|---|---|---|
| Ich kann erklären, wie es zur Herrschaft Augustus gekommen ist und wodurch diese sich von der Herrschaft in der Republik unterscheidet. | | S. 40, 41 |
| Ich kann beschreiben, wie Augustus seine Herrschaft in der Öffentlichkeit darstellte. | | S. 40, 41 |
| Ich kann darstellen, was der Limes ist und welche Aufgabe er hatte. | | S. 42, 43 |
| Ich kann zusammenfassen, wie die Römer ihre Herrschaft sicherten und organisierten. | | S. 45, 46 |
| Ich kann Beispiele für römische Städte in Deutschland nennen und erklären, wie es zur Gründung dieser Städte gekommen ist. | | S. 46 |
| Ich kann wichtige Einrichtungen in römischen Städten nennen. | | S. 46 |
| Ich kann den Begriff „Pax Romana“ erklären und Beispiele für die Auswirkungen auf die unterworfenen Völker nennen. | | S. 46, 47 |
| Ich kann die Krise des Römischen Reiches im 3. Jahrhundert und die Lösungsversuche skizzieren. | | S. 46, 47 |
| Ich kann die Bedeutung des Römischen Rechts erläutern. | | S. 48 |

# 4 Christen, Juden und Muslime

0 | 200 | 400

um 50 Missionierung des Paulus

135 Vertreibung der Juden aus Jerusalem

391 Christentum wird römische Staatsreligion

## 4.1 Christentum: von der Verfolgung zur Staatsreligion

- **um 30** In Jerusalem wird **Jesus** vom römischen Statthalter Pontius Pilatus zum Tode am Kreuz verurteilt.
- **30–50** Die ersten christlichen Gemeinden entstehen.
- **um 50** Missionsreisen des **Paulus** durch Kleinasien, Makedonien und Griechenland.
- **64** Brand in Rom. Die Bevölkerung macht Kaiser Nero dafür verantwortlich. Dieser gibt die Schuld den Christen, die er grausam verfolgen lässt.
- **um 60–107** Die Berichte über das Leben Jesu und seine Lehre werden in den vier **Evangelien** (Markus, Matthäus, Lukas, Johannes) aufgeschrieben.
- **249** Der römische Kaiser Decius lässt die Christen im Römischen Reich systematisch verfolgen (249–251).
- **303/304** Kaiser Diokletian erlässt Gesetze gegen Christen, die mit Bürgerrechts- und Vermögensentzug, bei Opferverweigerung auch mit Folter, Zwangsarbeit und Tod bedroht werden.
- **311** **Toleranzedikt** des Kaiser Galerius: Das Christentum wird zur erlaubten Religion.

| 600 | 800 |
|---|---|

529 Erstes abendländisches Kloster

622 Beginn der islamischen Zeitrechnung

755 Kalifat von Cordoba



**313** Toleranzedikt von Mailand: Konstantin I., Kaiser des Westens, und Licinius, Kaiser des Ostens, verkünden unter Anerkennung des Christentums Religionsfreiheit.

**314** Konstantin lässt in Rom die erste christliche Basilika errichten (Laterankirche). Nach ihrem Vorbild entstehen zahlreiche Kirchenbauten. **Silvester I.** wird Bischof von Rom und nach katholischer Tradition Papst.

**325** Erste allgemeine Kirchenversammlung (Ökumenisches Konzil) unter Vorsitz des Kaisers in Nicaea (Bithynien).

**391** Das Christentum wird zur Staatsreligion im Römischen Reich erklärt. Das Darbringen heidnischer Opfer und der Tempelbesuch werden verboten.

**394** Olympische Spiele werden untersagt.

## ▶ KONZIL

Unter einem Konzil versteht man eine Versammlung der höchsten kirchlichen Würdenträger. Diese kommen zur Beratung zusammen, um über wichtige kirchliche Angelegenheiten zu beschließen und Gesetze zu verabschieden. Das erste Konzil in der Geschichte fand 325 in Nicäa statt. Dort setzte sich die Lehre von der Gottgleichheit Jesus Christus gegen die Lehre der Arianer von der Gottähnlichkeit durch. Gleichwohl hält die Diskussion über diese Frage noch lange an. Noch heute wird das nicäische Glaubensbekenntnis in katholischen und evangelischen Kirchen in Deutschland gesprochen.

**Konstantin der Große, um 285–337**
Konstantin war der Sohn des Constantius Chlorus, der 293 zum Caesar ernannt wurde. Als sein Vater starb, wurde er 306 von seinen Truppen zum römischen Kaiser ausgerufen. Der talentierte Feldherr schlug in einer Entscheidungsschlacht an der Milvischen Brücke bei Rom seinen Mitkonkurrenten Maxentius, der die Hauptstadt beherrschte (312). Nach seinem Sieg über den Ostkaiser 324 wurde er alleiniger Herrscher des Römischen Reichs. Die Hauptstadt verlegte er 330 von Rom in die griechische Stadt **Byzanz** und befahl, dass die neue Residenz seinen Namen tragen sollte: Konstantinopel.
Die christliche Kirche erfuhr unter Konstantin eine erhebliche Stärkung. 321 führte er den Sonntag als allgemeinen Ruhetag im Römischen Reich ein. Auch bestimmte er, dass der 25. Dezember zum Geburtstag Christi und zum Weihnachtstag wurde. Konstantin selbst nahm erst auf dem Totenbett das Sakrament der Taufe entgegen.

## ▶ CHRISTIANISIERUNG

Darunter versteht man die Verbreitung der christlichen Lehre. Dies geschah beispielsweise dadurch, dass Herrscher den christlichen Glauben annahmen. Die Taufe des Frankenkönigs **Chlodwig** (498) trug entschieden zur Verbreitung der katholischen Lehre bei. Eine wichtige Rolle bei der Verbreitung spielten auch wandernde Missionare. So war der angelsächsische Mönch Bonifatius im Frankenreich unterwegs und gründete im päpstlichem Auftrag im Herzogtum Bayern die **Bistümer** Regensburg, Passau, Freising und Salzburg (739). Neben der freiwilligen Übernahme des christlichen Glaubens durch das Wirken von Missionaren oder Klöstern wurde er auch mit gewaltsamen Mitteln, wie beispielsweise der Conquista (↗ S. 101) in Lateinamerika oder den Sachsenkriegen Karls des Großen, durchgesetzt.

**BEISPIEL Christliche Zeitrechnung**
Im Auftrag des Papstes berechnet 525 der Mönch Dionysius Exiguus die Ostertafeln, die den Termin für die künftigen Osterfeste festlegen. Bis dahin feierten christliche Gemeinden zu unterschiedlichen Terminen das Osterfest. Die damit eingeführte fortlaufende Zählung der Jahre nach Christi Geburt setzte sich jedoch erst im 8. Jahrhundert durch. 1582 kommt es zur **gregorianischen Kalenderreform**: Die auf Anweisung von Papst Gregor XIII. durchgeführte Umstellung löst den von Caesar 1600 Jahre zuvor entwickelten und inzwischen um anderthalb Wochen vom astronomischen Jahr abweichenden **julianischen Kalender** ab. Elf Tage fallen aus. Erst im Januar/Februar 1918 wechselt Russland zum gregorianischen Kalender, weswegen der Jahrestag der Oktoberevolution kalendarisch in den November fällt.



- **440–461** Papst Leo I. der Große begründet den Vorrang des Bischofs von Rom.
- **590–604** Papst Gregor I. betreibt eine eigenständige Politik in Italien zur Verteidigung Roms gegen die Langobarden und zum Schutz der Besitztümer der römischen Kirche.

## 4.2 Aufstieg des Klosterwesens

- **4. Jahrhundert** Der Ägypter Pachomius und der kleinasiatische Bischof Basilius schaffen Regeln zur Ordnung des Gemeinschaftslebens der Mönche.
- **529** **Benedikt von Nursia** begründet am Monte Cassino in Latium das erste Kloster in Europa. Er verfasst Regeln für das Mönchsleben und begründet den ältesten christlichen Orden, die Gemeinschaft der Benediktiner.
- **596** Papst Gregor I. entsendet den römischen Abt Augustinus nach England, um die Angelsachsen zu missionieren.
- **716** Erster erfolgloser Missionsaufenthalt von **Bonifatius** in Friesland.

- **719/724** Die Klöster in St. Gallen und auf der Insel Reichenau im Bodenseee werden zu wichtigen Kultur- und Wirtschaftszentren. Aus St. Gallen ist ein Klosterplan, von der Insel Reichenau sind wertvolle Buchmalereien erhalten.
- **910** Gründung des Reformklosters Cluny in Burgund. Von dort aus breitet sich der Cluniazenserorden vor allem nach Frankreich, Spanien, England und Italien aus.
- **1098** In Cîtaux (Burgund) wird der Zisterzienserorden gegründet, der viele Klöster im Osten Deutschlands erbauen ließ.
- **1209** Gründung des Franziskanerordens durch Franz von Assisi.
- **1216** Gründung des Dominikanerordens.

Die verschiedenen **Orden** breiteten sich alle über West- und Mitteleuropa aus. Sie trugen, ebenso wie die Bistümer, zur Christianisierung bei, traten als Lehnsherren, Wirtschaftsmacht und Ausbildungs- und Kulturstätten auf.

## ▶ BETTELORDEN

Im 13. Jahrhundert entstanden Bettelorden, zu denen die Dominikaner, Franziskaner, Augustiner und Karmeliter zu rechnen sind. Unter Berufung auf das Evangelium lehnten sie für den Orden jeglichen weltlichen Besitz ab und strebten eine Reform des Ordenswesens an. Während die älteren Orden in der klösterlichen Abgeschiedenheit wirkten, drängten die Bettelorden in die Städte, um hier aktiv in Seelsorge, Mission und im Kampf gegen Ketzer tätig zu sein.

**Hildegard von Bingen, 1098–1179**

Schon zu Lebzeiten bewunderten Zeitgenossen die geistlich und politisch einflussreiche Äbtissin der Benediktinerinnen. Sie wurde als zehntes Kind adliger Eltern geboren. Bereits in jungen Jahren hatte sie im Kloster Visionen, die sie aufschrieb. Während der Synode von Trier (1147/48) wurde einer Versammlung von Kardinälen und Priestern aus ihren Aufzeichnungen vorgelesen. Neben Briefwechseln mit Päpsten und Königen gehören zu ihrem umfangreichen schriftstellerischen Schaffen auch natur- und heilkundliche Schriften sowie musikalische Werke.

## 4.3 Nachbiblisches Judentum

- **66–70** Jüdischer Krieg.
- **70** Titus erobert Jerusalem und lässt die Stadt und den Tempel zerstören. Von ihm bleibt nur die Stützmauer auf der Westseite, die **Klagemauer**, übrig.
- **72** Judäa wird römische Provinz.
- **132** In Judäa erheben sich die Juden unter der Führung des **Simon Bar Kochba**.
- **134/135** Römische Truppen erobern Jerusalem zurück. Nach dem Krieg wird Jerusalem als römische Stadt (Aelia Capitolina) wieder aufgebaut, darf aber von den Juden unter Androhung der Todesstrafe künftig nicht mehr betreten werden.



### ▶ DIASPORA

Darunter versteht man die Zerstreuung einer Glaubensgemeinschaft unter die Bekenner anderer Konfessionen. 135 wurde den Juden der Zutritt nach Jerusalem verboten. Sie verteilten sich in zahlreiche Länder der antiken Welt. Es kam zur Gründung von jüdischen Gemeinden bis nach Indien und Afghanistan. Mit der arabischen Herrschaft über Jerusalem (638) endete das Zutrittsverbot für Juden.
Als Volk in der Diaspora gehören die Juden den verschiedensten Kulturen an, beeinflussten sie und wurden von ihnen beeinflusst. Dabei entstand ein Netzwerk jüdischer Gemeinden, das sie als Interkontinentalhändler nutzen. Im 9. Jahrhundert besorgten sie den Seehandel über das Mittelmeer.

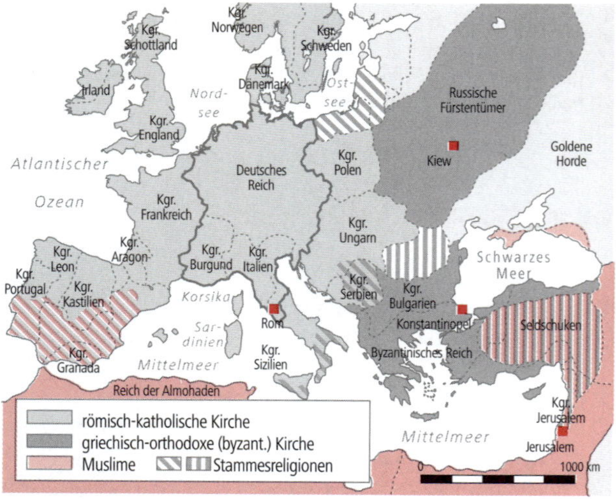

Konfessionen in Europa im 12./13. Jahrhundert

- **321** Erwähnung einer jüdischen Gemeinde in Köln.
- **438** Der Codex Theodosianus verbietet Juden den Bau neuer Synagogen im Römischen Reich.
- **797** Karl d. Gr. schickt zum Kalifen Harun al Raschid eine Gesandtschaft, zu der auch ein Jude gehört.
- **825** Ludwig der Fromme erteilt „Schutzbriefe“ an jüdische Kaufleute.
- **850** Der arabische Schriftsteller Ibn-Khordadbeh beschreibt die Reiseroute jüdischer Kaufleute, die Radaniten genannt werden.
- **8.–10. Jahrhundert** Entstehung jüdischer Gemeinden in Mitteleuropa.
- **1012** König Heinrich II. vertreibt die Juden aus Mainz.
- **1014** Bau der Synagoge von Worms.
- **1084** Der Bischof von Speyer lädt Juden zur Ansiedlung in der Stadt ein und erteilt ihnen Privilegien.

**BEISPIEL Judenprivileg**

Im Jahr 1090 sicherte Heinrich IV. den Wormser Juden ihren Landbesitz und garantierte ihnen ihre beweglichen und unbeweglichen Güter. Zudem gab er ihnen das Recht auf Geldwechsel und die Handelsfreiheit im ganzen Reich. Im Kriegsfall waren sie vor Zwangseinquartierungen und Beschlagnahme von Pferden geschützt. Ihnen war das Schwören nach eigenem Recht erlaubt. Die Söhne und Töchter der Juden durften nicht zur Taufe gezwungen werden. Ein freiwilliger Übertritt zum Christentum war nur möglich nach einer Bedenkzeit von drei Tagen und hatte den Verlust des Erbanspruchs zur Folge. Ab 1236 galt dieses Privileg im ganzen Reich.



- **1095** Beginn der Kreuzzüge (↗ S. 76–77). In vielen Städten werden große Teile der jüdischen Gemeinden ermordet oder zwangsgetauft.
- **1103** Kaiser Heinrich IV. verkündet einen allgemeinen Reichsfrieden: Juden werden Klerikern, Mönchen, Kaufleuten und Frauen gleichgesetzt, sie dürfen keine Waffen mehr tragen.
- **1188** Aufgrund des energischen Eingreifens Kaiser Friedrichs I. gibt es während des Dritten Kreuzzuges keine jüdischen Opfer.
- **1215** Das Konzil von Rom beschließt, dass sich Nichtchristen durch ihre Kleidung von den Christen unterscheiden sollen. Für die Juden wird der gehörnte Spitzhut zum Zeichen für die Zugehörigkeit zum Judentum. Die Regel wird in verschiedenen Ländern und Regionen in unterschiedlichem Ausmaß umgesetzt.
- **12./13. Jahrhundert** Ostwanderung deutsch-aschkenasischer Juden nach den ↗ Kreuzzügen. In Osteuropa entsteht aus ihrer Sprache in einer nicht mehr deutsch sprechenden Umgebung das **Jiddische**.
- **1348/1349** Zerstörung fast aller großen jüdischen Gemeinden in deutschen Städten (↗ S. 92).

- **ab 1350** Einzelne Überlebende der Massaker kehren ins Rheinland zurück.
- **1462** In Frankfurt am Main wird das älteste **Getto** Deutschlands eingerichtet.
- **1492/1497** Vertreibung der Juden (Sepharden) aus Spanien und Portugal. Die sephardischen Juden finden Aufnahme in den Niederlanden.

## ▶ SEPHARDIM/ASCHKENASIM

Mit **Aschkenasim** bezeichnete man im engeren Sinne die während des Mittelalters in Deutschland lebenden Juden. Spätestens ab der Wende des 13./14. Jahrhunderts wurde mit zunehmender Auswanderung der Juden aus Deutschland der Name auf diese übertragen und umfasste später auch die aus (Nord-)Frankreich, England und Norditalien stammenden Juden. Im neuzeitlichen Polen-Litauen entwickelten die Aschkenasen eine eigene Kultur. Zu Beginn des 19. Jahrhunderts stellten die Aschkenasen 90 Prozent aller Juden der Welt.

**Sephardim** ist die Bezeichnung für die Juden, die vor ihrer Vertreibung 1492 in Spanien und Portugal lebten und sich anschließend in Südosteuropa, Nordafrika, Asien, aber auch in Holland, England, Nordwestdeutschland und Amerika niederließen. Von der im Mittelalter aufblühenden aschkenasischen Tradition unterscheiden sie sich durch ihre eigenständige Sprache. Auch gibt es Unterschiede beispielsweise in den Festtagsbräuchen und der Synagogeneinrichtung.

## ▶ ANTIJUDAISMUS

Darunter versteht man Feindschaft gegen Juden, die auf religiösen und sozialen Vorurteilen beruht im Gegensatz zum rassistischen Antisemitismus. Der christliche Antijudaismus lebt von der Vorstellung, dass die Juden Jesus nicht als den Erlöser anerkennen wollten und ihn ans Kreuz schlugen. Diesem Vorwurf entkamen sie durch die Taufe. Ab 1144 unterstellte man ihnen

Ritualmorde an christlichen Knaben, ab 1290 kursierte der Vorwurf des Frevels mit geweihten Hostien.
Während die Juden im frühen und im Hochmittelalter durchaus noch vollberechtigte Bürger waren und innerhalb der Stadt lebten, begann in der frühen Neuzeit (15. Jahrhundert) die räumliche Ausgrenzung durch die Errichtung von **Gettos**, so nannte man die separaten durch Mauern und Tore abgeschlossenen Stadtviertel, in denen ihr Leben sehr eingeschränkt und strengen Auflagen unterworfen wurde.

## 4.4 Islam



**622** Der Prophet **Mohammed**, Gründer des Islam, flieht in Arabien von Mekka nach Medina. Das Datum gilt später als Beginn der arabischen Zeitrechnung.

**632–634** Abu Bekr, Schwiegervater des Propheten, stellt als Kalif nach Mohammeds Tod und inneren Wirren von Medina aus die Einheit des Islam wieder her.

**Mohammed, um 570–632**

Mohammed wurde in ärmlichen Verhältnissen geboren. Er heiratete mit 25 Jahren eine reiche Kaufmannswitwe. Ab 610 sammelte er eine wachsende Anhängerschaft mit der Botschaft: Allah ist der einzige Gott, Mohammed sein Prophet, das Jüngste Gericht ist nahe. Anfangs war er sich seiner Sendung keinesfalls sicher. Erfolglos in seiner Heimatstadt Mekka, wanderte der verachtete Prophet 622 mit seinen Anhängern nach Medina aus (Hedschra). Von dort begann sein Aufstieg als religiöser und politischer Führer. In seiner Lehre sah er sich in einer Reihe mit dem Stammvater Ibrahim (Abraham), Moses und Issa (Jesus). Abraham habe einst den Schwarzen Stein in die Kaaba von Mekka gebracht und dort gebetet. Mehrere Jahre herrschte zwischen Mekka und Medina Krieg. 630 zog Mohammed als Sieger nach Mekka ein. Kurz vor seinem Tod hatten sich fast alle Stämme der Arabischen Halbinsel seiner Lehre angeschlossen.

- **634–644** Omar I., zweiter Kalif, begründet die arabische Herrschaft im Orient und Kairo und Basra.
- **638** Eroberung Jerusalems.
- **661** Ermordung Alis, Vetter Mohammeds. Spaltung des Islams in Sunniten und Schiiten.
- **661–750** Herrschaft der Omaijaden in Damaskus.
- **750–1258** Herrschaft der Abbasiden. Bagdad wird Hauptstadt.
- **711** Arabische Truppen landen in Spanien, erobern das Westgotenreich und dringen in der folgenden Zeit bis an die Grenzen des Frankenreichs vor.
- **732** Der Franke **Karl Martell** besiegt ein muslimisches Heer in Frankreich und bringt die arabische Ausdehnung nach Westeuropa zum Stillstand.
- **1031** Der letzte Kalif wird aus Córdoba vertrieben. Das muslimische Spanien zerfällt in viele Kleinstaaten.

### ▶ KALIF

Das Wort bedeutet Nachfolger oder Stellvertreter des Propheten Mohammed. Ursprünglich war es der Titel des obersten Herrschers über das gesamte islamische Reich. Die Herrschaft wurde daher auch Kalifat genannt. Nach dem Zerfall der politischen Einheit nannten sich einige Herrscher von unabhängigen islamischen Teilstaaten ebenfalls Kalifen.

### ▶ KORAN

Die Lehre des Islam ist im Koran aufgezeichnet. Er enthält die Offenbarungen des Propheten Mohammed, die zu seinen Lebzeiten oder bald nach seinem Tod in 114 Abschnitten (Suren) aufgeschrieben wurden. Der Koran ist das religiöse und weltliche Gesetzbuch und enthält die „Fünf Säulen des Islam". Neben dem Bekenntnis zu Gott (arabisch: Allah) und seinem Propheten Mohammed sind es das fünfmalige Gebet, die Zahlung einer Almosensteuer, das Fasten im heiligen Monat Ramadan und eine Pilgerfahrt zur Kaaba in Mekka mindestens einmal im Leben

(Hadsch). Der Koran wurde später durch mündlich überlieferte Aussprüche des Propheten (die Sunna) ergänzt. Im Bürgerkrieg kam es zu einer Spaltung in **Sunniten**, die diese Lehrsätze anerkennen, und **Schiiten**, die sie verwerfen.

## 4.5 Spanien

- **755** Beginn der Herrschaft des Kalifats von Córdoba.
- **786** Baubeginn der großen Moschee in Córdoba (Spanien). Sie wird gegen Ende des 10. Jahrhunderts fertiggestellt.
- **822** Unter der Herrschaft Abdarrahmans II. und seiner Nachfolger entwickelt sich das Emirat von Córdoba zu einem straff zentralisierten und mächtigen Staat.
- **929** Abdarrahman III. nimmt den Titel eines Kalifen an. Seine Bibliothek zählte ca. 400 000 Bände.
- **1031** Auflösung des Kalifats von Córdoba.
- **1085** Im Zuge der ↗ Reconquista, der Rückeroberung des muslimischen Spaniens, nehmen die christlichen Heere Toledo, die alte Hauptstadt des Landes, ein.
- **1492** Rückeroberung Spaniens durch die Christen.



**Maimonides, 1135–1204**

Moses ben Maimon wurde im andalusischen Córdoba geboren, das damals ein bedeutsames politisches und geistig-kulturelles Zentrum war. Nach der Eroberung von Sevilla und Córdoba durch die Almohaden, die die ebenfalls sunnitischen Almoraviden aus Spanien verdrängten, musste die Familie Maimon aus der Stadt fliehen. Sie ließen sich im marokkanischen Fes nieder. Dort studierte Maimonides an der auch für Juden und Christen offenstehenden Universität Philosophie und Medizin. 1165 musste die Familie erneut nach einem Machtwechsel fliehen. Sie gelangte nach Fustat, der heutigen Altstadt von Kairo. Hier schrieb Maimonides seine philosophischen Hauptwerke und wurde bis zu seinem Tode Arzt am Hofe Sultan Saladins. Aufgrund seines Ansehens bekam er den Rang des „Oberhauptes der Juden“.

### ▶ RECONQUISTA

Unter dem Eindruck der Kreuzzüge (↗ S. 76–77) erklärten die Christen die Rückeroberung Spaniens ebenfalls zu einem Glaubenskrieg. Mit der Eroberung des letzten islamischen Königreichs Granada 1492 wurden nicht nur die Muslime (Mauren), sondern auch alle Juden vertrieben. Die zurückbleibenden Mauren wurden zwangsgetauft. Der Begriff der Reconquista ist jedoch einseitig. Es kam je nach politischer Lage auch zu Bündnissen über die Glaubensgrenzen hinweg. Nicht zuletzt durch die Toleranz der maurischen Herrscher den Christen und Juden gegenüber wurde aus dem armen Spanien ein blühendes Kulturland.

### BEISPIEL Kulturaustausch

Vom arabischen Wort Sifr leitet sich das Wort Ziffer her, mit dem die Zahlzeichen benannt sind. Die Araber übernahmen die Schreibweise der **Zahlen** von den Indern. Im 7. Jahrhundert wird in Syrien erstmals über die Zahl 0 und das Dezimalsystem berichtet. Die arabischen Zahlen und das Rechnen mit dem Zehnersystem setzte sich in Europa zwischen 800 und 1100 durch.

## Lerncheck

| Kapitel „Christen, Juden und Muslime“ | O. K. ✔ | Das muss ich noch mal lesen |
|---|---|---|
| Ich kann die Entwicklung des Christentums von den Anfängen bis zur Durchsetzung als Staatsreligion im Römischen Reich skizzieren. | | S. 50–53 |
| Ich kann erklären, was Christianisierung bedeutet und Beispiele dafür benennen. | | S. 52, 53 |
| Ich kann den Aufstieg des christlichen Klosterwesens skizzieren und Auswirkungen auf das Leben der damaligen Menschen benennen. | | S. 53–55 |
| Ich kann erklären, was Diaspora bedeutet und wie es zur jüdischen Diaspora kam. | | S. 55 |
| Ich kann Länder in Europa und im angrenzenden Mittelmeerraum nennen, in denen jeweils die römisch-katholische Kirche, die griechisch-orthodoxe Kirche oder der Islam vorherrschte. | | S. 56 |
| Ich kann wichtige Ereignisse für das jüdische Leben in Europa im Mittelalter benennen und erläutern. | | S. 56–58 |
| Ich kann die Entstehung und Ausbreitung des Islams skizzieren. | | S. 59, 60 |
| Ich kann die fünf Grundpflichten des Islams erläutern und ähnliche Grundsätze im Christentum benennen. | | S. 60, 61 |
| Ich kann das Verhältnis der drei Religionen, Christentum, Judentum und Islam, in Spanien zwischen dem 8. und 15. Jahrhundert charakterisieren. | | S. 61, 62 |

# 5 Das Mittelalter

| 400 | | | 700 | | |
|---|---|---|---|---|---|

486 Begründung des Fränkischen Reichs

751–768 Pippin König des Frankenreichs

800 Kaiserkrönung Karl der Große

843 Teilung d Franken-reichs im Vertrag von Verdun

## 5.1 Die Völkerwanderung

**375** Die aus Zentralasien eingedrungenen **Hunnen** vertreiben die nördlich des Schwarzen Meers ansässigen Goten.

**410** Die Westgoten unter Alarich erobern und plündern Rom. Sie ziehen danach nach Spanien ab, wo sie das Westgotische Reich begründen.

**451** Schlacht auf den Katalaunischen Feldern in der Champagne: Ein weiteres Vordringen der Hunnen unter ihrem König Attila wehrten Römer und Westgoten gemeinsam ab.

**455** Die Wandalen unter Geiserich erobern von Nordafrika aus Rom und plündern es. Papst Leo der Große hält die Eroberer von starker Zerstörung ab.

**476** Der letzte weströmische Kaiser, Romulus Augustulus, wird von dem germanischen Truppenführer Odoaker abgesetzt.

**493** Theoderich, König der Ostgoten (474–526), erlangt die Herrschaft in Italien.

**568** Die germanischen **Langobarden** dringen über die Alpen vor und erobern Norditalien.

| 1000 | | | | 1300 | |
|---|---|---|---|---|---|

962
Kaiserkrönung
Otto der Große

1075–1122
Investiturstreit

1096–1218
Zeit der Kreuzzüge

1152–1190
König Friedrich Barbarossa

1356
Goldene Bulle



## ▶ VÖLKERWANDERUNG

Die Bezeichnung wurde im 18. Jahrhundert geprägt. Mit ihr ist die Vorstellung einer katastrophalen Barbareninvasion auf dem Boden des zerfallenden Römerreichs verbunden. Als eigentliche Ursachen für die Völkerwanderung sind jedoch anzusehen: Klimaschwankungen, Landnot und Ernährungsprobleme, gewaltsame Verdrängung durch kriegerische Nachbarvölker sowie Nachrichten über günstige Lebensbedingungen im Römischen Reich. Die Völkerwanderung führte zu einer Verschmelzung der antiken römischen Kultur mit der Lebensweise der germanischen Völker und dem Christentum.

## ▶ MITTELALTER

Der Begriff wird benutzt, um den Zeitraum vom Ende der ↗ Völkerwanderung (6. Jahrhundert) bis zum Beginn der Neuzeit (15./16. Jahrhundert) zu bezeichnen. Ursprünglich nannten Gelehrte diese Zeit abschätzig Mittelalter, weil sie in der Mitte zwischen der von ihnen geschätzten Antike und ihrer eigenen Gegenwart lag, die sie für fortschrittlich und besser hielten. Vor 1000 Jahren hätten sich die Menschen jedoch gewundert, wenn man ihnen gesagt hätte, dass sie im Mittelalter lebten, denn sie fühlten sich nicht in der Mitte der Zeiten.

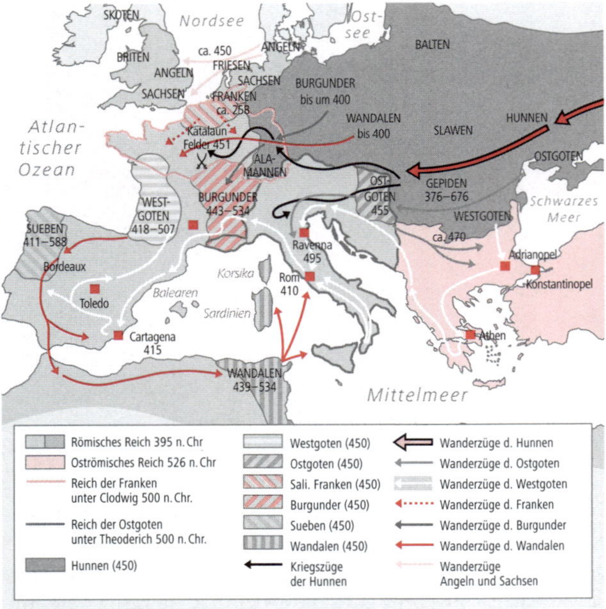


Bemerkenswerte Reiche waren das der Wandalen in Afrika, das der Westgoten im spanischen Raum und das der Ostgoten unter Theoderich dem Großen in Italien mit der Hauptstadt Ravenna

## 5.2 Die Entstehung des Frankenreichs

**481/482** **Chlodwig** aus dem Geschlecht der Merowinger wird König der Franken.

**486** Chlodwig besiegt die Römer und begründet das Fränkische Reich in Gallien. Unter seiner Herrschaft wird Paris Königsresidenz.

**498/499** Chlodwig I. lässt sich in Reims katholisch taufen (genaue Jahreszahl ist unsicher).

### ▶ DIE FRANKEN

Die Franken werden zum ersten Mal um die Mitte des 3. Jahrhunderts erwähnt. Mehrere im Niederrheingebiet ansässige westgermanische Stämme bildeten einen Großverband. Allmählich drangen sie auf römisches Gebiet vor und traten teilweise in römische Dienste. Um die Mitte des 5. Jahrhunderts besaßen die fränkischen Fürsten als angesiedelte Verbündete (Föderaten) etwa das Gebiet des heutigen Belgien sowie das Mosel- und Rheingebiet. Unter Chlodwig gelangten die Franken zu einer Großmachtstellung im frühen Mittelalter.

- **716–719** **Karl Martell** setzt sich im Frankenreich als Hausmeier (oberster Hofbeamter) durch.
- **751** Mit Billigung des Papstes setzt **Pippin** der Jüngere den merowingischen Herrscher Childerich III. ab und wird an seiner Stelle zum König gesalbt. Damit beginnt die Herrschaft der **Karolinger**.
- **768** Pippin der Jüngere stirbt. Seine Söhne Karl und Karlmann teilen sich das Reich des Vaters.
- **771** Tod Karlmanns. Karl wird Alleinherrscher des gesamten Frankenreichs und macht erhebliche Eroberungen.
- **772–804** In blutigen Kriegen, auch verbunden mit Zwangstaufen und Hinrichtungen, gelingt Karl schließlich die Eroberung und Christianisierung Sachsens.
- **773–774** Eroberung des Langobardenreichs, in dessen Hauptstadt Pavia Karl sich zum König der Langobarden und Franken krönt.
- **786** In Aachen wird mit dem Bau der Pfalzkapelle begonnen.
- **788** Das Herzogtum Bayern wird dem Frankenreich einverleibt.
- **800** **Karl der Große** wird in Rom von Papst Leo III. während der Weihnachtsmesse in der Peterskirche zum Kaiser gekrönt. Damit entsteht ein westliches Kaisertum, das mehr als 1000 Jahre Bestand haben wird.

**Karl der Große, 748–814**

Karl stammt aus dem fränkischen Geschlecht der Karolinger und war der älteste Sohn König Pippins. Im Alter von zweiundzwanzig Jahren trat er zusammen mit seinem Bruder Karlmann die Nachfolge seines Vaters an. 771 herrschte er nach dem Tod seines Bruders allein über das Frankenreich. Nach den Jahren des Krieges war die Kaiserkrönung ein Höhepunkt in seinem Leben. Sie hatte weitreichende Folgen; denn damit wurde ein Kaisertum in der Tradition des Römischen Reichs begründet, das mehr als 1000 Jahre bestehen sollte. 812 erkannte auch Byzanz die Kaiserwürde an. Nach seiner Rückkehr aus Italien ließ Karl in Aachen 801 eine Pfalz bauen, die aufgrund der warmen Quellen sein bevorzugter Aufenthaltsort wurde. Karl der Große litt an Gicht. Obwohl Karl nicht lesen und schreiben konnte, rief er Gelehrte, Dichter und Musiker an seine Lieblingspfalz, um zu lernen und sich zu beraten. Einhard, von dem wir am meisten über Karl wissen, war einer von ihnen. So wurde die Aachener Pfalz, wie auch viele Klöster im Frankenreich, ein Zentrum der Dichtung, der Musik und des Kunsthandwerks.

In der Aachener Pfalzkapelle wurden alle deutschen Könige von 936–1531 in einem Festgottesdienst durch die Erzbischöfe gesalbt und gekrönt. Aber nicht nur die nachfolgenden deutschen und französischen Könige beriefen sich auf Karl den Großen, auch heute wird Karl als erster Europäer gefeiert, da sein Reich das Herzstück des westlichen Europa umfasste.

## ▶ KÖNIGSPFALZ

Die fränkischen und mittelalterlichen Könige hatten keinen festen Herrschersitz, sondern reisten mit ihrem Hofstaat von Pfalz zu Pfalz durch das Land, um zu regieren und Recht zu sprechen. Nicht das Volk kam zum König, sondern der König zum Volk. Manche Könige bevorzugten bestimmte Gegenden: die Karolinger Aachen, Ingelheim, Frankfurt am Main, Worms, Forchheim, Paderborn, Nijmegen; die sächsischen Könige Quedlinburg, Magdeburg, Tilleda, Pöhlde, Grona und Werla; die Salier und Staufer Trebur, Speyer, Kaiserswerth, Gelnhausen, Nürnberg, Goslar und Wimpfen. Die Pfalzen hatten neben Wirtschaftsge-

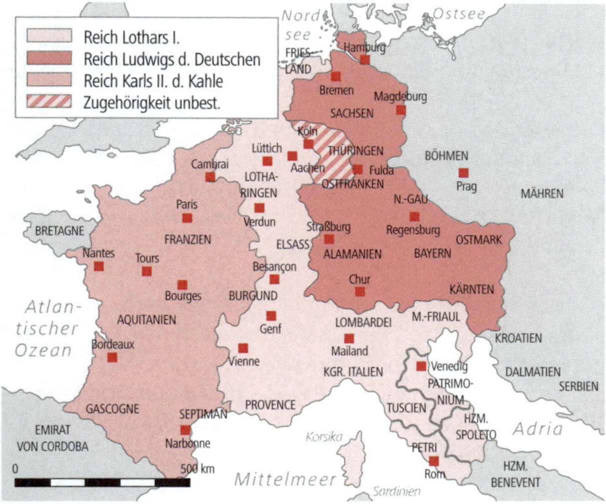


Teilung des Frankenreiches 843 im Vertrag von Verdun zwischen den drei Enkeln Karls des Großen: Karl der Kahle erhält das Westfrankenreich, Lothar das mittlere Reich und Ludwig das Ostfrankenreich, das spätere Deutschland

bäuden und Stallungen und Wohnhäusern für Bedienstete einen Torbau, einen Palas für Feierlichkeiten, eine Gerichtshalle und eine Pfalzkapelle. Sie waren von einer Schutzmauer umgeben. Aus den Pfalzen entstanden Städte, oft sogar Reichsstädte. Viele sind noch heute wegen ihrer Burgen und Dome bekannt.

## 5.3 Mittelalterliche Herrschaft

Die Königsherrschaft in Europa beruhte auf dem Treueverhältnis der Vasallen zu ihrem König. Nach dem Tod des Königs tritt nicht wie beim römischen Kaiser automatisch der älteste Sohn die Nachfolge an, sondern die Herzöge und Vasallen wählen ihn aus, küren den König. Sie sind sich darin jedoch nicht immer einig, und dann entscheidet der Stärkere, wem die Königswürde zusteht. Oder die Sache bleibt unentschieden, wie im sogenannten **Interregnum**, d. h. auf Deutsch: zwischen den Herrschaften.

Der König, so ist es von Otto dem I. überliefert, wird von den Herzögen zum König erhoben, indem sie ihm huldigen. Die Erzbischöfe von Mainz und Köln zeigen ihre Verbundenheit in der feierlichen Krönungsmesse, in der sie den König salben, einkleiden und krönen.

Um das Verhältnis zu den Bischöfen abzusichern, setzten die ottonischen Könige Erzbischöfe ein, die ihnen wohlgesinnt waren, Otto I. etwa seinen Bruder Bruno. Dazu verlieh der König den Bischöfen Ring und Stab, das ist die Investitur (deutsch Einkleidung). An und für sich ist es bis heute aber das Recht des Papstes, die Bischöfe zu ernennen, einzukleiden und zu weihen. Deshalb entspinnt sich in der Zeit der Salier der sogenannte **Investiturstreit** (↗ S. 64), der im **Wormser Konkordat** 1122 beigelegt wird. Papst und König einigen sich darin, dass die deutschen Könige bei der Auswahl der Bischöfe zwar mitwirken konnten, indem sie ihren Wunschkandidaten mit den weltlichen Herrschaftsrechten belehnten, aber die formale Wahl blieb Sache der Kirche. Ebenso behielt sich der Papst das Recht der Einkleidung vor.

## ▶ LEHNSWESEN / FEUDALISMUS

Die politische Ordnung des Mittelalters bezeichnet man als Lehnswesen oder Feudalismus. Der mittelalterliche „Staat" beruhte auf dem persönlichen Verhältnis zwischen dem Herrscher und dem von ihm in unterschiedlicher Weise und vielfachen Abstufungen abhängigen Volk. Der König vergab an Adlige Lehen (feudum), er verlieh an adlige Herren Ländereien oder aber auch nutzbare Rechte, beispielsweise Zolleinnahmen. Die Erträge aus diesen Leihgaben konnten die adligen Lehensinhaber, die **Vasallen** genannt wurden, behalten. Bei der Übergabe

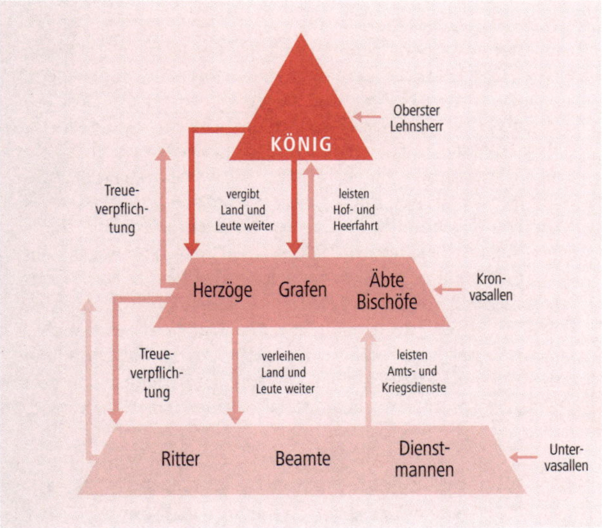


Das Lehnswesen – die Beziehung zwischen Lehnsherr und Vasall bzw. Lehnsmann



des Lehens schworen sich König und Vasall feierlich lebenslange gegenseitige Treue. Sie verpflichteten sich, nichts zum Schaden und alles zum Nutzen des anderen zu tun. Der Vasall war zur Gefolgschaft seines Herrn in Krieg und Frieden verpflichtet. Rechtskräftig wurde dies durch den Akt der Huldigung, einer Art Unterwerfung, bei der der Lehnsmann oder Vasall vor dem Lehnsherrn tatsächlich auf die Knie fiel.
Königsvasallen konnten das königliche Lehen erneut an Untervasallen weiterverleihen. Diese waren dann nur dem Königsvasall, nicht aber dem König zur Treue verpflichtet. Schon recht früh wurden die Lehen erblich. Ab dem 17. Jahrhundert kam die Bezeichnung „Feudalismus“ für das mittelalterliche Lehenswesen auf.

**Otto I., 912–973**

Als erster in Aachen gekrönter und feierlich eingeführter König bestieg Otto I. 936 den deutschen Königsthron. 955 fügte er den Ungarn auf dem Lechfeld bei Augsburg mit seinem Heer die entscheidende Niederlage zu. Nach der Schlacht wurden die bis dahin nomadenhaft lebenden Ungarn sesshaft und christlich. Wie Karl der Große sah auch Otto I. die Missionierung als Aufgabe des christlichen Kaisers an. So wurde 968 das Erzbistum Magdeburg gegründet, das als Missionszentrum in die slawischen Gebiete hineinwirkte. 962 krönte Papst Johannes XII. ihn in Rom zum Kaiser. Die Ottonen verstanden sich als Nachfolger des römischen Kaisers und Herren der Christenheit. Daraus leitete sich ein Vorrecht gegenüber Königen anderer europäischer Länder ab, das jedoch keine Rolle spielte. Ab der Kaiserkrönung Ottos I. gehörten Italienpolitik, Romzug und Kaiserkrönung zum „Regierungsprogramm" der mittelalterlichen deutschen Könige.

**962** Otto I. bestätigt die pippinsche Schenkung (↗ S. 75).

**1152–1190** **Kaiser Friedrich I., Barbarossa.** Sein Versuch, die kaiserlichen Rechte in Oberitalien wiederherzustellen, scheitert am Widerstand des Papstes.

**1220/1231** Kaiserliche Gesetze **Friedrichs II.**, in denen die geistlichen und weltlichen Fürsten als Landesherren anerkannt werden. Damit erstarken die Fürstentümer und die Macht des Papstes, während Friedrich II. das Staatswesen im Königreich Sizilien ausbaut.

**BEISPIEL** **Königreich Sizilien**

1186 kam Sizilien nach einem Erbfall unter staufische Herrschaft. **Friedrich II.** (1194–1250) entwickelte das Königreich während seiner Herrschaft zu einem Musterstaat und hielt sich dort auch die meiste Zeit auf. Er schuf einen straff zentralisierten Beamtenstaat. Die hohe Gerichtsbarkeit lag ausschließlich in der Hand königlicher Beamter, zu deren Ausbildung die Universität Neapel 1224 gegründet wurde. Friedrich II. beschäftigte sich auch mit der Falkenjagd und schrieb darüber sogar ein Buch.

Am Hofe des fließend arabisch sprechenden Kaisers kamen Griechen, Araber und Normannen zusammen.

### ▶ INTERREGNUM

Als Interregnum bezeichnet man die Epoche zwischen dem Erlöschen des staufischen Herrscherhauses in Deutschland (1254) und der Wahl Rudolfs von Habsburg (1273). Dabei handelt es sich keinesfalls um eine „königslose" Zeit. Mehrere Fürsten im Reich beanspruchten die Königskrone. Jedoch fehlte ihnen eine allseitig anerkannte Autorität, was zu einem rechtlosen Zustand führte.

### ▶ PRIVILEGIEN

Mit diesem Begriff sind Vorrechte gemeint. In der ständischen Gesellschaftsordnung verfügten die Herrschenden über mehr Rechte als ihre Untertanen. Das Münzrecht oder das Zollrecht wurden beispielsweise an Städte oder Landesherren verliehen. Oder ein Kloster bekam das Recht, Bier zu brauen. Auch im Machtkampf zwischen Kaiser–Papst oder Kaiser–Fürsten ging es um Privilegien. Ursprünglich mussten sie nach dem Tod des Begünstigten neu verliehen werden. Im 13. Jahrhundert wurde ein Teil der Rechte für immer an die Fürsten vergeben.



### ▶ GOLDENE BULLE

Deutschland war im Gegensatz zu England oder Frankreich eine Wahlmonarchie. Im Jahr 1356 regelte Kaiser Karl IV. erstmals in einer Urkunde die Königswahl im Deutschen Reich. Sie ist nach der goldenen Siegelkapsel (lat. Bulla = Kapsel), die die Urkunde enthält, benannt. Zuständig für die Wahl war das Kurkollegium, dem die drei Erzbischöfe von Mainz, Trier und Köln, der König von Böhmen, der Pfalzgraf bei Rhein, der Herzog von Sachsen und der Markgraf von Brandenburg angehörten. Diese Regelung hatte bis 1623 Bestand, danach gab es zeitweise acht oder sogar neun **Kurfürsten.** Als Ort der Wahl wurde Frankfurt am Main, als Krönungsort Aachen festgelegt.

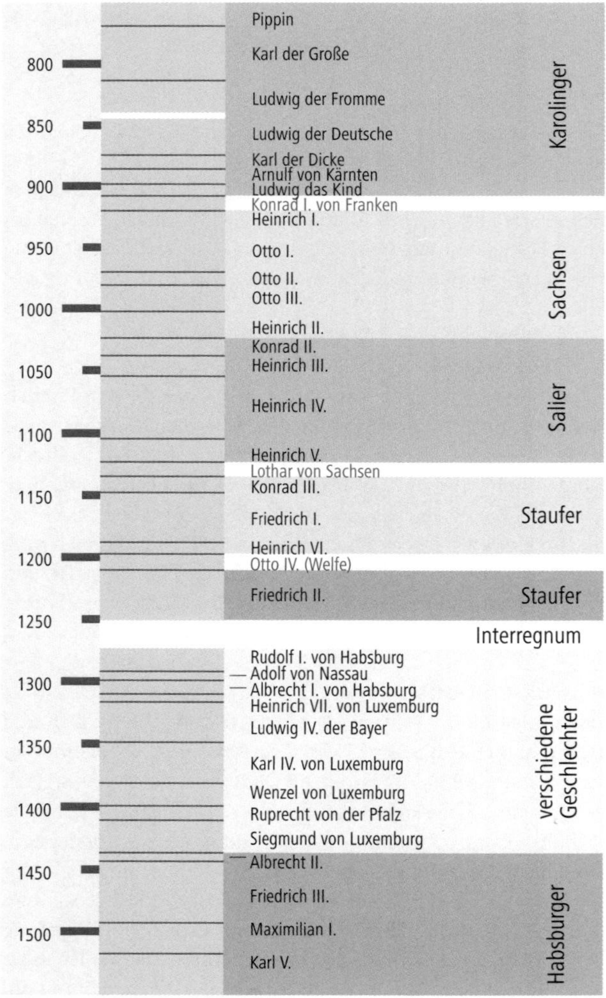


Königsfamilien in Deutschland

## 5.4 Der Kampf zwischen Kaiser und Papst

**1059** Papstwahldekret: Kardinäle wählen fortan den Papst. Zugleich formuliert die Synode ein Verbot der Laieninvestitur. Geistliche dürfen demnach ihre Ämter nicht aus der Hand von Laien empfangen.

**BEISPIEL** **Pippinische Schenkung/Kirchenstaat** (756)
Zwischen dem fränkischen Herrschergeschlecht der Karolinger und den Päpsten gab es politische Bündnisse. Im Jahr 756 übereignete der Frankenkönig Pippin dem Papst nach erfolgreichen Feldzügen gegen die Langobarden den Verwaltungsbezirk von Rom und einige weitere Landstriche in Mittelitalien. Aus diesen nicht genau abgrenzbaren Gebieten entstand der Kirchenstaat. Schutzherr für das Papsttum wurde der fränkische König.



### ▶ INVESTITUR

Im Investiturstreit ging es um das alleinige Recht der Amtseinsetzung (Investitur) von Bischöfen und Äbten, die auch weltliche Aufgaben hatten. Während der Papst die Investitur als innerkirchliche Angelegenheit ansah, bestand der deutsche König darauf, über die Einsetzung von Bischöfen zu entscheiden. Der Investiturstreit endete 1122 mit einem Kompromiss im Wormser Konkordat (↗ S. 71).

### ▶ ZUSPITZUNG DES INVESTITURSTREITS

**1075** **Papst Gregor VII.** fordert, allein Bischöfe absetzen und wieder einsetzen zu können.

**1076** Der deutsche König Heinrich IV. lässt durch eine Synode deutscher Bischöfe den Papst für abgesetzt erklären. Dieser verhängt darauf den Kirchenbann (↗ S. 76) gegen den König und entbindet dessen Untertanen vom Treueeid. Oppositionelle Reichsfürsten beschließen Heinrich abzusetzen, falls er nicht binnen Jahresfrist die Lösung vom Bann erreicht.

**1077** Heinrich IV. erscheint im Büßergewand vor der Burg **Canossa**, um von Gregor VII. die Lösung vom Bann zu erwirken.

**1078** Papst Gregor VII. erlässt ein umfassendes Investiturverbot, d.h. die Einsetzung von Bischöfen und Prälaten durch weltliche Fürsten.

**1080** Heinrich IV. lässt auf einer Synode einen Gegenpapst wählen.

**1084** Heinrich IV. erobert Rom, setzt Gregor VII. ab und lässt sich vom Gegenpapst Clemens III. zum Kaiser krönen (↗ Investiturstreit, S. 70, 75).

**▶ KIRCHENBANN**

Der Kirchenbann bedeutete den Ausschluss aus der Gemeinschaft der Kirche und war das wichtigste Mittel des Papstes im Kampf gegen den deutschen König. Der Gebannte konnte nicht die Sakramente der Kirche empfangen (z. B. das Abendmahl). Da viele Menschen im Mittelalter sehr gläubig waren, war dies eine sehr harte Strafe.

## 5.5 Die Kreuzzüge

**1095** Papst Urban II. ruft auf dem Konzil in Clermont zur Befreiung der Heiligen Stätten von den Muslimen durch einen Kreuzzug auf. Er löst eine Welle von Gewalttätigkeiten aus, der ungezählte Menschen zum Opfer fallen.

**1096** Begeistert brechen nicht ritterliche Scharen im Frühjahr zum **Ersten Kreuzzug** auf, werden aber im Oktober in Kleinasien fast völlig aufgerieben. In Deutschland werden viele Juden erschlagen oder zwangsgetauft.

**1099** Kreuzfahrer erobern Jerusalem, wo sie ein furchtbares Blutbad unter Muslimen und Juden anrichten.

**1147–1149** **Zweiter Kreuzzug** unter Ludwig VII. und Konrad III. endet als militärischer Misserfolg.

**1187** Sultan Saladin schlägt das Aufgebot der christlichen Kreuzfahrer vernichtend und erobert danach Jerusalem zurück. Beginn des dritten Kreuzzuges.

**1189–1192** **Dritter Kreuzzug** mit Beteiligung Kaiser Friedrichs I. Barbarossa, Richard Löwenherz von England und Philipps II. Augustus von Frankreich.

**1202/1204** **Vierter Kreuzzug.** Die Teilnehmer erobern und plündern Konstantinopel (Byzanz) und begründen vorübergehend ein lateinisches Kaiserreich (1204–1261).

**1212** Tausende Kinder aus Frankreich und dem Rheinland kommen bei dem Versuch ums Leben, einen Kreuzzug ins Heilige Land zu führen (**Kinderkreuzzug**).

**1228–1229** **Fünfter Kreuzzug** unter Kaiser Friedrich II. Ihm gelingt durch Verhandlungen die Freigabe der christlichen Pilgerstätten.



**1248–1254** **Sechster Kreuzzug** unter Ludwig IX. von Frankreich aus. Er gerät mit seinem Heer in Gefangenschaft und wird erst durch ein hohes Lösegeld freigelassen.

**1270** Ludwig IX. stirbt während des **7. Kreuzzugs.**

**Richard I. Löwenherz, 1157–1199**

Die zahlreichen Filme und Comics haben mit der historischen Wahrheit wenig zu tun. Der für damalige Verhältnisse sehr groß gewachsene Mann hielt sich während seiner zehnjährigen Regierungszeit (1189–1199) nur wenige Monate in England auf, das er nach Belieben ausplünderte. Bevor er am dritten Kreuzzug teilnahm, ließ er von allen Untertanen einen „Kreuzzugszehnten" eintreiben und versteigerte Staatsämter meistbietend. 1191 eroberte er mit anderen Kreuzfahrern die Hafenstadt Akko, deren Bevölkerung er niedermetzeln ließ. Auf seinem Rückweg aus dem Heiligen Land wurde er bei Wien von Herzog Leopold V., den er bei Akko beleidigt hatte, gefangen genommen (1192) und erst nach der Zahlung eines immensen Lösegeldes freigelassen. Nach seiner Rückkehr nach England kämpfte er wenige Wochen später wieder in Frankreich, wo er jedoch bald darauf infolge einer Pfeilwunde starb.

## ▶ KREUZFAHRERSTAATEN

Die Kreuzfahrerstaaten waren Herrschaften, die aus den Kreuzzügen hervorgegangen waren. Die ersten Kreuzfahrer errichteten zwischen 1098 und 1109 an der Küste des Vorderen Orients folgende vier Herrschaften: die Grafschaft Edessa, das Fürstentum Antochia, das Königreich Jerusalem und die Grafschaft Tripolis. In ihnen gründeten sich eigene Herrschaftsdynastien, die ihre Macht mit dem Lehnswesen absicherten. Die Kreuzfahrerstaaten waren von einer außergewöhnlichen ethnischen und konfessionellen Vielfalt geprägt. Dies bestimmte auch die interkulturellen Kontakte und Konflikte.

## ▶ GEISTLICHE RITTERORDEN

Im Verlauf der Kreuzzüge entstanden in Palästina die geistlichen Ritterorden, die Mönchsleben, Krankenfürsorge und Kreuzzugsgedanke miteinander verbanden. Die bekanntesten sind der Orden der **Templer**, der **Johanniter** und der **Deutsche Orden**. Sie wurden zu einer der stärksten Stützen der Kreuzfahrerstaaten. Mit dem Ende der **Kreuzfahrerstaaten** (1291 Verlust von Akkon an die Mameluken) ging die Wirksamkeit der Orden im östlichen Mittelmeer zurück. Die Johanniter verlegten ihren Sitz über Zypern und Rhodos nach Malta. Der Templerorden ging zu Beginn des 14. Jahrhunderts in Auseinandersetzungen mit Frankreich und dem Papsttum zugrunde. Der Deutsche Orden hatte schon in der ersten Hälfte des 13. Jahrhunderts im östlichen Mitteleuropa ein neues Betätigungsfeld gefunden.

- **1230** Der Deutsche Orden beginnt, von einem polnischen Fürsten beauftragt, sein Eroberungswerk im Kampf gegen die noch heidnischen Prußen.
- **1309** Der Deutsche Orden verlegt seinen Sitz von Venedig nach Marienburg in Preußen.
- **1410** In einer der größten Ritterschlachten des Mittelalters unterliegt der Deutsche Orden dem polnischen Heer bei Tannenberg (Preußen).

## 5.6 Europäische Reiche

**793** Überfall auf das Kloster Lindisfarne im Norden Englands: Beginn der Wikingerzüge nach Westeuropa.

**966** **Mieszko I.**, Herzog von Polen, lässt sich katholisch taufen. Ihm folgen zahlreiche Anhänger.

**1015–1035** **Knut der Große** wird Beherrscher eines Großreiches von England, Dänemark und Norwegen.

**1066** Schlacht bei Hastings: **Wilhelm I., der Eroberer**, Herzog der Normandie, erobert England. Der normannische Adel setzt sich gegen die Angelsachsen hart durch.

**1389** In der Schlacht auf dem **Amselfeld** besiegt der osmanischen Sultan Murat I. die Serben.

**1339–1453** Hundertjähriger Krieg zwischen England und Frankreich. Die unterlegenen Engländer beherrschen auf dem Festland fortan nur noch Calais.



**1430** **Jeanne d' Arc** zwingt die Engländer zur Aufgabe der Belagerung von Orleans und gewinnt damit Land für Frankreich zurück. 1431 wird sie als Hexe verbrannt.

### ▶ WIKINGER

Mit dem Überfall norwegischer Seefahrer auf das Kloster Lindesfarne in England 793 beginnt das Zeitalter der Wikinger, die plündernd und erobernd fast ganz Europa (v. a. das Frankenreich, den Mittelmeerraum und das Gebiet des späteren Russlands) heimsuchen. Im 9. Jahrhundert schlugen Wikingerheere feste Lager auf, um zu überwintern und die Länder systematisch nach Beute zu durchkämmen. Später wurden die Lager zu Siedlungen umgebaut. So kam es auch zur Beherrschung der Normandie, benannt nach den **Normannen**, eine andere Bezeichnung für die Wikinger.

Erik der Rote entdeckte das von ihm so benannte Grönland und leitete dessen Besiedlung von Island aus ein. Sein Sohn Leif Eriksson erreichte im Jahr 1000 sogar Amerika. Doch blieb dies ohne dauerhafte Folgen.

## DEUTSCHE OSTSIEDLUNG

Die deutsche Ostsiedlung ist vor allem mit der Geschichte des Deutschen Ordens verbunden. Der **Deutsche Orden** war 1202 nach Vorbild des Templerordens als geistlicher Ritterorden gegründet worden. Im 13. Jahrhundert verlegte der Orden seine Missionierungstätigkeit in den baltischen Raum. Auf diese Weise fassten die Ordensritter in Estland, Livland und Kurland Fuß. Haupt des Ordens war der Hochmeister, der ab 1309 seinen Sitz auf der Marienburg, ab 1466 in Königsberg hatte. Der Deutsche Orden kultivierte das Land planmäßig: Deutsche Siedler wurden angeworben, über 1 000 Dörfer wurden angelegt und an die 100 Städte gegründet. Als 1386 der bis dahin heidnische Staat Litauen mit Polen vereinigt und christlich wurde, verlor der Orden seine letzte Missionsaufgabe. 1446 musste der Ordensstaat große Teile dem polnischen König überlassen und die polnische Oberhoheit für den Rest des Staatsgebietes anerkennen. 1525 machte der Hochmeister Albrecht aus dem Hause Brandenburg aus dem Ordensstaat ein weltliches Herzogtum.

## BYZANZ

Den Namen erhielt das Reich von der Stadt Byzantion. Dies war der frühere Name von Konstantinopel, vor seiner Neugründung durch Kaiser Konstantin. Die Bezeichnung soll deutlich machen, dass nach der Teilung des Römischen Reiches die Entwicklung in beiden Teilen unterschiedlich verlief. Kaiser Justinian (527–565) gelang es noch einmal vorübergehend das Ost- und Weströmische Reich zu vereinigen. Danach entwickelten sich die Lebensformen der beiden Reiche deutlich auseinander. In der Kirche wurde die griechische Sprache Grundlage des Gemeindelebens. In der Zivilverwaltung und im Militär wurde das ohnehin vielen unverständliche Latein abgeschafft. Erfolgreich konnte sich das Reich im 7. und 8. Jahrhundert gegen den Ansturm der Muslime wehren. Im Wettstreit mit Rom gelang es der byzantinischen Kirche, einen Großteil des Balkans zu missionieren. 1054 trennte sich die **griechisch-orthodoxe Kirche** endgültig von der römisch-katholischen. Das oströmische Kaisertum bestand bis 1453. Die Eroberung Konstantinopels durch die Türken bedeutete das Ende des Byzantinischen Reichs. Fortan hieß die Stadt Istanbul.

## 5.7 Außereuropäische Reiche

**1206–1227** **Dschingis Khan**, ursprünglich Temudschin, begründet ein Weltreich, das auf dem Höhepunkt seiner Macht rund die Hälfte der damaligen Menschheit umfasst.

**1237–1240** Die Mongolen unter Khan Batu erobern große Teile Russlands. Sie begründen dort das Reich der **Goldenen Horde**, dem fortan alle russischen Fürstentümer unterstehen.



**1241** Die **Mongolen** vernichten ein polnisch-deutsches Ritterheer bei Liegnitz (Schlesien), ziehen aber auf die Nachricht vom Tod ihres Großkhans ab.

**1253** Der Papst entsendet den Bettelmönch Wilhelm von Rubruk an den Hof des Großkhans der Mongolen, um diesen für ein Bündnis gegen die Muslime zu gewinnen. Wilhelm kehrt 1255 ohne Ergebnisse zurück.

**1258** Die Mongolen erobern Bagdad, die Hauptstadt der abbasidischen Kalifen.

**1279** Die Mongolen, die seit 1234 schon den Norden Chinas beherrschen, erobern den reichen Süden des Landes und vertreiben die dort regierende Song-Dynastie. **Khublai Khan** (1259–1294), Enkel Dschingis Khans, eint damit das Reich erneut und begründet die Yuan-Dynastie mit der Hauptstadt Peking. Die Yuan-Dynastie der Mongolen herrscht bis 1368 in China.

**1280–1294** Khublai Khan herrscht als Kaiser von China.

**1293** In Peking wird mit Duldung des Großkhans und Kaisers ein lateinisches Erzbistum für China begründet.

**Marco Polo, 1254–1324**

1298/1299 diktierte der Venezianer Marco Polo in genuesischer Gefangenschaft den in ganz Europa viel gelesenen Bericht über seinen Aufenthalt in China. 1271 brach er mit seinem Vater und dessen Bruder in das Reich des chinesischen Kaisers und Großkhans der Mongolen auf. 1275 in Peking angekommen, wurde er Ehrenbegleiter Khublai Khans und unternahm weite Reisen für seinen Gastgeber in dessen gewaltigem Reich. 1292 verließen die drei Reisenden reich beschenkt den Khan und fuhren durch das Südchinesische Meer Richtung Heimatstadt, die sie 1295 erreichten. Hier erlangten sie großes Ansehen. Das von Marco Polo verfasste Buch existierte im Mittelalter in über 100 verschiedenen Handschriften. Es übte bis in das Entdeckerzeitalter einen großen Einfluss aus und inspirierte auch Kolumbus.

**1368–1644** Ming-Dynastie in China. Unter ihrer Herrschaft erhält im 15. Jahrhundert die schon ab dem 3. vorchristlichen Jahrhundert angelegte Große Mauer (ca. 6 700 km) ihre heutige Form und Ausdehnung.

**1371** Der erste Ming-Kaiser Hongwu komplimentiert die letzten Europäer aus China hinaus. Das Erzbistum Peking muss aufgegeben werden. Damit endet der erste Versuch einer christlichen Mission in Ostasien.

## Lerncheck

| Kapitel „Das Mittelalter" | O.K. ✓ | Das muss ich noch mal lesen |
|---|---|---|
| Ich kann Ursachen der Völkerwanderung angeben und Wanderungsbewegungen beschreiben. | | S. 65 |
| Ich kann die besondere Rolle der Franken für die Entwicklung in Europa erläutern und zeitlich einordnen. | | S. 66–69 |
| Ich kann Machtgrundlagen des Königtums benennen und erklären. | | S. 69, 70 |
| Ich kann den Begriff „Lehnswesen" erklären und seine Funktionsweise erläutern. | | S. 70, 71 |
| Ich kann die sieben Kurfürsten nennen und deren Bedeutung für die Königswahl erläutern. | | S. 73 |
| Ich kann den Investiturstreit als Machtkampf zwischen weltlicher und geistlicher Herrschaft darstellen. | | S. 75, 76 |
| Ich kann Verlauf, Ergebnisse und Nachwirkungen der Kreuzzüge beschreiben. | | S. 76–78 |
| Ich kann die Bedeutung des Byzantinischen Reichs und der griechisch-orthodoxen Kirche für die Missionierung des osteuropäischen Raums erläutern. | | S. 80, 56 |
| Ich kann außereuropäische Reiche nennen und deren Bedeutung erklären. | | S. 81, 82 |

# 6 Mittelalterliches Leben

| 700 | | | 1000 | |
|---|---|---|---|---|
| | um 750 Beginn der Dreifelderwirtschaft | | um 1000 Beginn der Blütezeit der romanischen Kultur | |

## 6.1 Dörfliches Leben im Mittelalter

### ▶ DREIFELDERWIRTSCHAFT

Um 750 kam es zur Einführung der Dreifelderwirtschaft in Europa. Bei dieser Nutzungsform wird das Ackerland eines Dorfs dreigeteilt. Auf einem Feld wird Wintergetreide, auf einem anderen Sommergetreide angebaut, das dritte bleibt ungenutzt (brach). Dabei wechseln die Anbauformen jährlich, das Feld kann sich also in jedem dritten Jahr erholen. Diese Neuerung bedeutete eine wesentliche Verbesserung im Bereich der Landwirtschaft.

### ▶ GRUNDHERRSCHAFT

Bis in das 19. Jahrhundert hinein bestimmte die Grundherrschaft das Leben auf dem Land. Grundherr konnte ein Adliger oder ein Kloster sein. Der größte **Grundherr** war aber der König. Durch Schenkungen und Stiftungen kamen Bischofskirchen, Klöster und Pfarrkirchen zu teilweise sehr großem Grundbesitz. Die Grundherren versprachen, den Bauern Schutz zu gewähren. Unfreien Bauern und ihren Familien, Hörige genannt, überließen sie einen Hof zur Nutzung. Dafür waren die Bauern zu Gegenleistungen verpflichtet, den sogenannten **Frondiensten**.

| 1200 | | | 1500 | |
|---|---|---|---|---|

um 1200
Höhepunkt der
höfischen Kultur

1347/1351
Pest in Europa

1495
Verbot
von Fehden

Diese unbezahlten Arbeiten konnten Tätigkeiten wie Ernten oder Hilfe beim Wegebau sein. Die Dienste für den Grundherren dauerten zwischen wenigen Tagen im Jahr bis hin zu mehreren Tagen in der Woche. Daneben hatten sie regelmäßig Abgaben zu leisten. Dies geschah meist im Herbst nach der Ernte, indem die Bauern dem Grundherrn einen Teil des Ertrags überlassen mussten. Ab dem 13. Jahrhundert kamen bereits auch Zinszahlungen in Geld vor. Diese Abgaben sind mit unseren heutigen Steuern zu vergleichen.



## 6.2 Das Leben der Ritter

### ▶ RITTER

Im frühen Mittelalter waren Ritter adlige Reiterkrieger. Als Lehnsmannen waren sie ihren Lehnsherren zu Verwaltungs- und Kriegsdiensten verpflichtet. Später konnten auch die Dienstmannen (Ministeriale) der Fürsten und des Königs aufsteigen und Ritter werden. Im 13. Jahrhundert bildeten die Ritter einen eigenen Stand. Ritterdienste konnte nur leisten, wer zumindest zum niederen Adel gehörte. Der Ritterstand entwickelte eigene Regeln, beispielsweise den Ritterschlag: Mit 14 Jahren konnte man sich als Knappe bei einem Ritter ausbilden lassen und mit 21 selbst den Ritterschlag erhalten. Die Erhebung zum Ritter erfolgte durch die Schwertleite, das Umgürten des Schwertes bei der feierlichen Feststellung der Volljährigkeit.

**BEISPIEL Minnesang**
Im 12./13. Jahrhundert dichteten und komponierten Ritter Lieder, in denen sie die Liebe (= Minne) zu einer von ihnen verehrten Frau und die ritterlichen Tugenden besangen. Als Ideal feierten sie die Liebe zur Gattin ihres Lehnsherren, die ohne Erfüllung bleiben musste. In den Minneliedern wurde immer wieder beschrieben, wie ein vorbildlicher Ritter leben sollte. Der bekannteste deutsche Minnesänger war **Walther von der Vogelweide** (um 1170–1230). Er schuf auch die Gattung des politischen Liedes. Nach langen Wanderjahren von Burg zu Burg erhielt er um 1220 das ersehnte Lehensgut.

## ▶ HÖFISCHE KULTUR

Die Vorstellung eines idealen Ritters fand um 1200 ihren Höhepunkt in der höfischen Kultur. Der ritterliche Kampf und die Turniere wurden strengen Regeln unterworfen. Dem unterlegenen Gegner sollte der Ritter Erbarmen zeigen. Beim Essen begannen sich die Ritter an bessere Tischsitten und „höfliches" Benehmen zu gewöhnen. Doch viele Ritter entsprachen nicht immer dem Ritterideal. Oft mordeten, raubten und brandschatzten sie, um ihren eigenen Wohlstand zu mehren.

**BEISPIEL Das Nibelungenlied**
Um 1200 schrieb ein unbekannter süddeutscher Dichter das Nibelungenlied auf, das in singbaren vierzeiligen Strophen gedichtet wurde. Ein Teil des Liedes reicht bis in die Zeit der Völkerwanderung (↗ S. 65) zurück und thematisiert die Vernichtung des Burgundenreiches am Rhein durch die Hunnen 436/437. Das Epos gibt einen Einblick in das ritterliche Leben, vor allem in das Denken und Fühlen im Mittelalter.

### ▶ BURGEN

Im Hochmittelalter bauten Adlige anstelle einfacher Befestigungen damals nahezu uneinnehmbare Steinburgen auf Bergkuppen. Die Burg war Wohnsitz, Verteidigungsanlage und Herrschaftszentrum. Auch der niedere Adel folgte diesem Beispiel. Im Mittelalter gab es in Deutschland schätzungsweise 15 000 bis 20 000, in Frankreich sogar 40 000 Burgen.
Komfort und Größe der Burgen waren sehr unterschiedlich. Nur reiche Adelsgeschlechter konnten sich große Burganlagen leisten. Die Wohnburgen der armen Ritter bestanden vielfach nur aus hölzernen und steinernen Wehrtürmen oder zweistöckigen Häusern auf einem Sockel.
In vielen Fällen stellten die Burgen den Anfang für eine Stadtentwicklung dar. Die im Ortsnamen enthaltene Silbe „-burg" erinnert daran (Augsburg, Regensburg).



### ▶ RAUBRITTER

Im 14. Jahrhundert verarmten die Ritter, da ihre festen Einkünfte bei steigenden Preisen durch die aufkommende Geldwirtschaft immer wertloser wurden. In dieser für viele Ritter ausweglosen Situation überfielen sie Kaufleute und Händler und zogen als Raubritter plündernd durch das Land. Nach der Erfindung von Kanonen erwies sich die Kampftechnik der Ritterheere als veraltet. Söldnerheere machten die Ritter vollends überflüssig.

## 6.3 Die Stadt als neue Siedlungsform

**BEISPIELE** **Romanische und gotische Baukunst**

- **1000–1250** Blütezeit der romanischen Kunst. Bau der Dome von Speyer, Worms, Mainz und Bamberg, Magdeburg, Quedlinburg, Naumburg.
- **ab 1200** Blütezeit der gotischen Baukunst.
- **1248** Baubeginn des Kölner Doms im gotischen Stil. Fertigstellung zwischen 1842 und 1880.

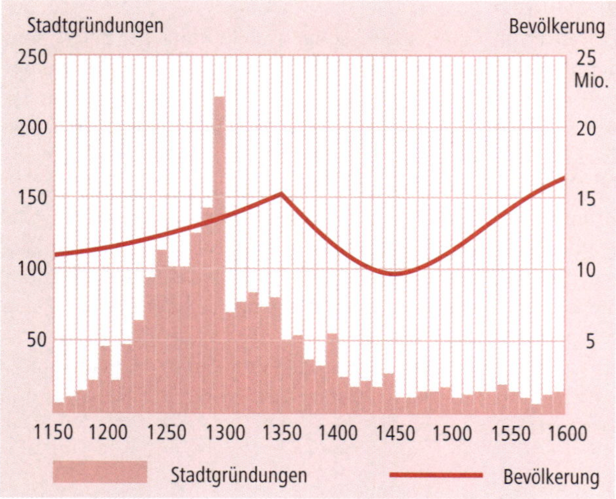


Stadtgründungen und Bevölkerungsentwicklung in Mitteleuropa. Die Abnahme der Bevölkerung durch die Pest (↗ S. 91) ist deutlich zu erkennen

**1377** In Ulm wird mit dem Bau des Münsters begonnen. Der Turm ist der höchste seiner Art in Europa, wird jedoch erst im 19. Jahrhundert fertiggestellt.

Weitere Beispiele gotischer Baukunst: Dome zu Straßburg, Freiburg, zahllose Klosterkirchen der Zisterzienser u. a. in der Backsteingotik. Vorbilder für deutsche gotische Kirchen waren die großen französischen Dome in Paris, Reims, Amiens.

**BEISPIEL** **Die Hansestädte**

Im 13. Jahrhundert entstand eine Vereinigung norddeutscher Kaufleute und Städte zur Wahrung ihrer Handelsinteressen und zum gegenseitigen Schutz. In ihrer Blütezeit umfasste die Hanse an die 200 Städte, führend war damals Lübeck. An den wichtigsten Handelsplätzen erbauten sie feste Niederlassungen, Kontore

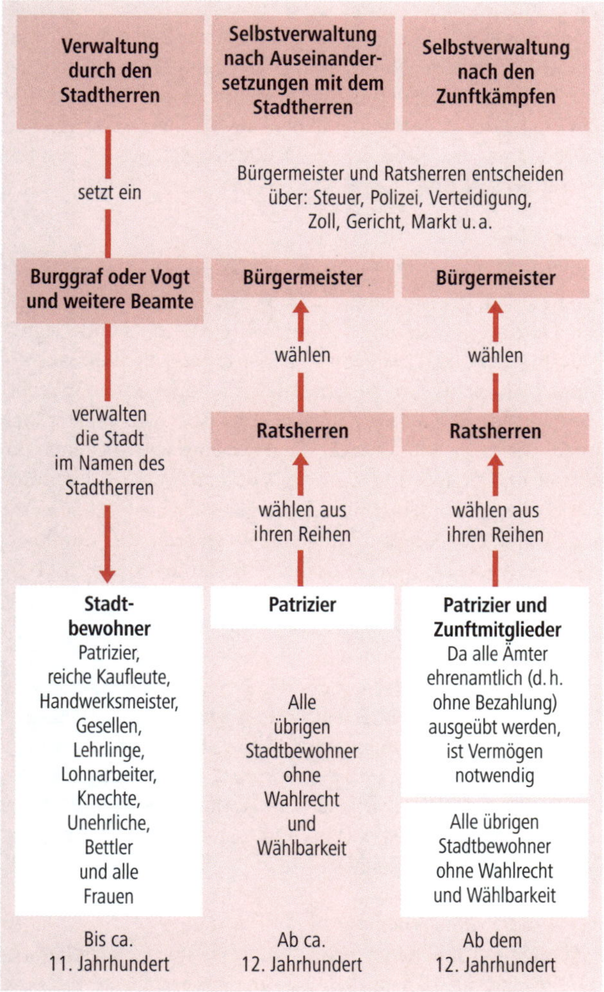


Die Entwicklung der Stadtverwaltung im mittelalterlichen Deutschland

genannt. Mit ausländischen Herrschern schlossen die Hansemitglieder langfristige Verträge. Während dieser Zeit beherrschten sie den Handel im Nord- und Ostseeraum. Der Niedergang wurde durch die zunehmende Konkurrenz der Niederländer und Engländer im Seehandel ab dem 16. Jahrhundert eingeleitet. 1603 wurde das Kontor der Deutschen Hanse in London geschlossen.

### ▶ ZUNFT

Eine Zunft ist eine Vereinigung von Handwerkern eines Berufs in einer Stadt. Es gab einen Zunftzwang, jeder Meister, Geselle und Lehrling musste einer Zunft beitreten. Die Zünfte legten Warenproduktion, Qualität und Preise fest, regelten die Ausbildung, beaufsichtigten einzelne Betriebe und übten in allen Zunftangelegenheiten eine eigene Gerichtsbarkeit aus. Darüber hinaus waren sie eine Versicherungsgemeinschaft, die Sorge für Witwen und Kranke trug. Die Mitgliedschaft in einer Zunft prägte auch das persönliche Leben durch gemeinsame Gottesdienste und besondere Festtage. Aufgehoben wurden die Zünfte in Frankreich erst 1791. In Deutschland bestanden sie sogar bis in das 19. Jahrhundert.

### ▶ BÜRGER

Bürger konnte im Mittelalter nur der Bewohner einer Stadt sein. Aber nicht alle Bewohner einer Stadt waren zugleich Bürger. Unfreie Zuzügler konnten, wenn sie ein Jahr unbehelligt in der Stadt lebten, das Bürgerrecht erwerben („Stadtluft macht frei“). Die Bürger freier Reichsstädte, z. B. Frankfurt, waren nicht der Grundherrschaft unterworfen und entwickelten ein eigenes Rechtssystem (**Bürgerrecht**).

**BEISPIEL** **Bürgerkämpfe**

Bald bildete sich in den neuen Städten eine Oberschicht heraus. Sie entstand aus den reichen Kaufmannsgeschlechtern. Diese nannten sich in Anlehnung an römische Vorbilder **Patrizier**. Sie kontrollierten die wirtschaftlichen und politischen Geschicke der Stadt. In den innerstädtischen Auseinandersetzungen des 14. Jahrhunderts versuchten die Handwerker Zugang zum Rat und städtischen Regierungsämtern zu erlangen. Dies geschah nicht immer friedlich und erfolgreich. In Köln wurde der Weberaufstand grausam niedergeschlagen, in den meisten Städten endeten die Auseinandersetzungen mit einem Sieg der alten Ratsherren oder doch mit einem Kompromiss. In Augsburg und Regensburg unterlagen die Patrizier, verließen die Stadt und lebten künftig wie Adlige auf ihren Landgütern.

## 6.4 Die Pest

- **1347–1351** Die erste große Pestwelle zieht von Sizilien bis Norwegen über Europa hinweg. Weitere Pestwellen folgen 1357–1362 und 1370–1376.
- **1894** Der Pesterreger wird entdeckt und ein erster wirksamer Impfstoff entwickelt.



**BEISPIEL** **Die Pest und ihre Folgen**

Die **Pest** konnte sich so schnell ausbreiten, da die Handelsbeziehungen zwischen den Städten enger wurden und die hygienischen Verhältnisse in den Städten nicht Schritt hielten. Die Beulenpest (Schwarzer Tod) kann durch Flöhe und Ratten übertragen werden, die Lungenpest durch direkten Kontakt mit den Erkrankten. Schätzungsweise 25 Millionen Menschen starben in Europa während der großen Pestwelle, ganze Landstriche wurden geradezu entvölkert. Daher fehlten in den Städten Arbeitskräfte und die Löhne stiegen kräftig. Dies zog große Teile der Landbevölkerung an, führte zum Preisverfall für Ackerland und Getreide und damit zu einer regelrechten Landflucht. In manchen Gegenden Deutschlands verschwand fast die Hälfte der im 13. Jahrhundert vorhandenen Siedlungen (Wüstungen) und der Wald rückte wieder stärker vor.

### ▶ POGROM

Der Begriff aus dem Russischen bezeichnet die Massenverfolgung und -tötung von Menschen. Im engeren Sinne sind damit Judenverfolgungen gemeint. Während der Pestzeit kam es in zahlreichen Städten 1348/1349 zur Verfolgung und gar Vernichtung der jüdischen Bewohner. Gängiger Vorwurf war dabei, dass die Juden die Brunnen vergiftet und somit Schuld an der Pest hätten. Hinter den Pogromen verbergen sich Misstrauen und Neid als eigentliches Motiv. Denn Dank ihrer religiösen Reinigungsvorschriften hatten die Juden weniger unter der Pest zu leiden.

## Lerncheck

| Kapitel „Mittelalterliches Leben“ | O.K. ✔ | Das muss ich noch mal lesen |
|---|---|---|
| Ich kann erklären, wie die Dreifelderwirtschaft funktionierte. | | S. 84 |
| Ich kann die Abhängigkeit und persönliche Unfreiheit der Bauern gegenüber dem Grundherren darstellen. | | S. 84 |
| Ich kann die Erziehung der zukünftigen Ritter und die Vorstellung eines idealen Ritters beschreiben. | | S. 85, 86 |
| Ich kann Aufgaben und Bedeutung einer Burg darstellen. | | S. 87 |
| Ich kann die Ursachen für den Niedergang des Rittertums nennen. | | S. 87 |
| Ich kann wichtige Merkmale einer Stadt benennen und die Blütezeit der Stadtgründungen zeitlich einordnen. | | S. 87, 88 |
| Ich kann die Attraktivität des Lebens in der Stadt begründen. | | S. 88–90 |
| Ich kann erklären, wie das Leben in einer Stadt organisiert wurde. | | S. 89 |
| Ich kann Verlauf, Ergebnisse und Nachwirkung der Pest zusammenfassen. | | S. 91, 92 |

# 7 Entdeckungen zur Zeit der Renaissance

| 1300 | | 1400 |
|---|---|---|
| | um 1325 Gründung Tenochtitláns | |

## 7.1 Das neue Welt- und Menschenbild

**▶ RENAISSANCE**

Unter dieser Bezeichnung versteht man eine Epoche, die von der Wiedergeburt des antiken Geistes geprägt war. Man setzt sie vom 14. bis 16. Jahrhundert an mit Italien als Ausgangspunkt. Humanisten suchten nach den Handschriften antiker Autoren und studierten diese. In der Kunst änderten sich Stil und Motive aufgrund einer veränderten Einstellung zum Menschen und zur Natur. Bei Plastik und Malerei versuchten Künstler eine genaue Wiedergabe der Körperformen zu erreichen. Wissenschaftler waren an der Erforschung der Naturgesetze interessiert.

- **1389–1444** **Cosimo di Medici** baut Florenz als Zentrum humanistischer Gelehrsamkeit aus (↗ Humanismus).
- **1429** In Rom stirbt Masaccio, der zusammen mit Filippo Brunelleschi als Entdecker der **Zentralperspektive** und Begründer der Renaissancemalerei gilt.
- **1455** Druck der Gutenbergbibel (↗ Buchdruck).
- **1469–1536** **Erasmus von Rotterdam** veröffentlicht zahlreiche Werke, in denen er das geistige Erbe der Antike mit dem Christentum zu verschmelzen sucht.

1540

1455
Druck der Gutenbergbibel

1492
Kolumbus landet auf Guanahani

1519–21
Eroberung des Aztekenreichs

1543
Heliozentrisches Weltbild des Kopernikus

**BEISPIEL** **Erfindung des Buchdrucks**
Bei einer Befragung von Wissenschaftlern im Jahr 2000 wurde der Mainzer Handwerker Johannes **Gutenberg** (um 1397–1468) zum „Man of the Millenium“ gewählt. Seine Erfindung bestand darin, die Formen aller Buchstaben des Alphabets einzeln aus Metall zu gießen (bewegliche Lettern) und sie zu Wörtern und Seiten zusammenzusetzen. Diese Erfindung sollte die Welt grundlegend verändern, denn Wissen konnte nun schneller weitergegeben werden. Öffentliche Kritik an Missständen von Kirche und Staat konnte durch Flugschriften verbreitet werden, aber auch die Obrigkeit bediente sich der neuen Erfindung, um ihre Erlasse und Verordnungen dem Volk bekannt zu geben.



## ▶ HUMANISMUS

Der Humanismus (lat. humanus = menschlich) stellte den Menschen selbst in den Mittelpunkt seiner Betrachtung, während man im Mittelalter den Mensch als Geschöpf Gottes mit dem Ziel des ewigen Lebens nach dem Tod sah. Durch das Studium von Dichtung, Philosophie und anderen Wissenschaften soll sich der Mensch auf seine eigenen inneren Werte beziehen. Die Humanisten, eine kleine Anzahl von Gelehrten an europäischen Universitäten, hielten untereinander engen Kontakt, um gegenseitig Handschriften, Meinungen und Neuigkeiten auszutauschen. Ihre Gedanken hatten einen großen Einfluss auf die Renaissance (↗ S. 94). Durch ihre kritische Haltung gerieten sie oft in Konflikt mit der Kirche, blieben aber meist der kirchlichen Lehre verpflichtet. Dabei hat der Humanismus vor allem der Reformation den Weg geebnet. Abschätzig nannten die Humanisten die Zeit vom Ende der Antike bis zu ihrer eigenen Epoche das „Mittelalter“. Zu den großen Humanisten zählen Niccolò Machiavelli, Erasmus von Rotterdam und Thomas Morus.

**Leonardo da Vinci, 1452–1519**
Leonardo da Vinci wurde in dem Dorf Vinci bei Florenz geboren. Er war nicht nur Maler, sondern auch Wissenschaftler, Philosoph, Schriftsteller, Ingenieur, Forscher und Erfinder. Er entwarf Flugmaschinen, Schleusen, Kugellager und Festungsanlagen. Er untersuchte den menschlichen Körper, indem er Leichen sezierte und hielt seine Ergebnisse in Skizzen fest. Sein wohl berühmtestes Gemälde ist die Mona Lisa.

**BEISPIEL** **Heliozentrisches Weltbild**
Nikolaus **Kopernikus** (1473–1543) veröffentlichte kurz vor seinem Tod ein Buch, worin er behauptete, dass alle Planeten die Sonne (gr. helios) umkreisten. Ein halbes Jahrhundert später bestätigte Galileo **Galilei** (1564–1643) aufgrund eigener Forschungen diese Behauptung. Damit widersprachen beide der These, dass die Erde (gr. geo) der Mittelpunkt des Universums sei (geozentrisches Weltbild), eine Vorstellung, die von der Kirche trotzdem weiter gepflegt wurde.

## 7.2 Die Wirtschaft um 1500

Die Monopolstellung der großen Handelshäuser und Banken brachten viele Menschen, auch Herrscher, in ihre Abhängigkeit. Dies gilt als Kennzeichen des Frühkapitalismus.

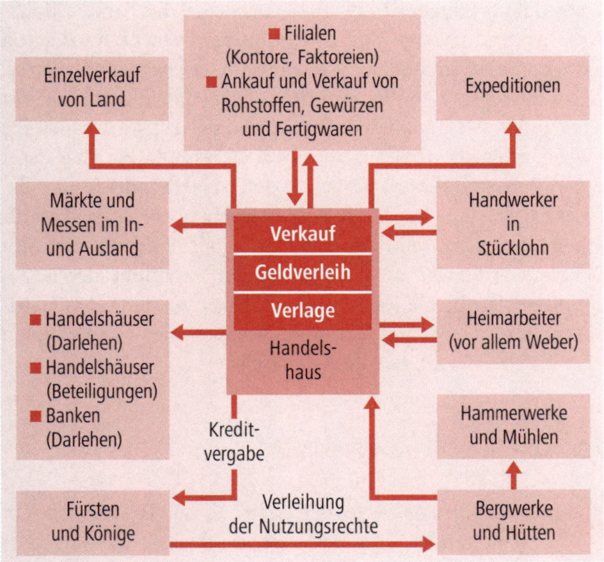


Das Wirtschaftssystem um 1500



## ▶ VERLAGSSYSTEM

Zahlreiche Produkte, zum Beispiel Stoffe, wurden im Verlagssystem hergestellt. Händler oder Großunternehmer „legten" Rohstoffe und Arbeitsmaterialien für Handwerker „vor", die diese dann wieder in Form fertig verarbeiteter Produkte zurückgaben. Formal waren die Handwerker selbstständig, doch tatsächlich waren sie abhängig von ihrem Händler, der die Rohstoffe zu einem möglichst hohen Preis an sie abgab und meist nur sehr wenig Geld für die Fertigung der Waren bezahlte.

**BEISPIEL Handelshaus Fugger**

Die Fugger waren eine Unternehmerfamilie, die zunächst innerhalb der Augsburger Weberzunft zu Geld und Ansehen gelangte.

Unter Jakob **Fugger** (1459–1525) erreichte die Familie hohes Ansehen und großen Einfluss in Europa. Dem Erzherzog von Tirol gaben sie umfangreiche Kredite, im Gegenzug sicherten sie sich das Recht zur Ausbeutung der Kupfer- und Silberbergwerke des Landes. Als Bankier der Kaiser und der Päpste besaßen die Fugger zugleich großen Einfluss auf die Politik. Für den Papst organisierten und finanzierten sie den Ablasshandel (↗ S. 105). 1519 hatten sie bei der Wahl des deutschen Königs und römischen Kaisers die Hand im Spiel. Dank eines riesigen Kredits des Bankhauses Fugger zur entsprechenden Bezahlung der Bestechungsgelder für die *Kurfürsten* fiel deren Wahl auf den Habsburger **Karl V.**, der mit Burgund, Kastilien, den Niederlanden und Österreich halb Europa beherrschte.

## 7.3 Die Entdeckungsreisen

- **1441** Der portugiesische Seefahrer Nuno **Tristão** erreicht Mauretanien. Erstmals werden schwarze Sklaven nach Europa gebracht.
- **1487/1488** Der portugiesische Seefahrer Bartolomeu Diaz umschifft als erster die Südspitze Afrikas und entdeckt auf der Rückreise das Kap der Guten Hoffnung.
- **1492** **Kolumbus** landet auf Guanahani, einer kleinen Insel vor den Bahamas, und entdeckt bei seinen weiteren Fahrten das lateinamerikanische Festland, hält dieses für einen Teil von Indien.
- **1492** Martin **Behaim** stellt in Nürnberg den ersten, noch heute erhaltenen Globus her.
- **1497–1499** Der Portugiese Vasco **da Gama** befährt als erster Europäer die Seeroute nach Indien über das Kap der Guten Hoffnung.
- **1500** Während einer Indienfahrt entdeckt der Portugiese Cabral infolge von Navigationsfehlern Brasilien und nimmt es für seine Krone in Besitz.

**1513** Der Spanier Vasco **Núñez** erreicht über eine Landenge von Mittelamerika den Pazifischen Ozean.

**1519–1522** Der in spanischen Diensten tätige Portugiese Ferdinand **Magellan** durchfährt als Erster die nach ihm benannte Straße zwischen dem südamerikanischen Festland und Feuerland, sein Steuermann vollendet die erste Weltumseglung.

## 7.4 Die lateinamerikanischen Hochkulturen

### ▶ HOCHKULTUR

Als die Spanier nach Amerika kamen, trafen sie auf zum Teil bereits mehrere Hundert Jahre bestehende Hochkulturen. Diese besaßen eine eigene Schrift und zahlreiche Kenntnisse von Wissenschaft und Technik. Die **Maya** führten schon zweitausend Jahre lang Rechnungen durch, bevor man in Europa höhere Mathematik betrieb. So kannten sie die Zahl Null und hatten ein genaues Kalendersystem nach dem Sonnenjahr mit einer variablen Zahl von Schalttagen. Noch heute kann man ihre großartigen Tempelanlagen und Pyramiden in Guatemala bestaunen. Die gesellschaftliche Ordnung war komplex. Ein Staatsrat, der aus Häuptlingen, Priestern und einem Kriegsminister bestand, bildete die Regierung. Kaufleute besaßen besondere Vorrechte und zahlten keine Steuern. Zu den Merkmalen einer Hochkultur gehört auch die Arbeitsteilung. Außerordentlich hoch qualifizierte Handwerker waren mit der Herstellung von Luxusgütern beschäftigt.

**1500 v. Chr.–200 n. Chr.** Präklassische Periode der Maya.

**200–925** Klassische Periode der **Maya**, Städte mit mehr als 1000 Einwohnern entstehen.

**um 900** Die seit ca. 300 n. Chr. blühende Kultur der Zapoteken mit den Zentren Monte Albán und Mitla (Mexiko) erreicht ihren Höhepunkt.

- **1438–1471** Unter dem Herrscher Pachacutec Yupanqui beginnt die gewaltige Expansion des **Inkareichs** in Südamerika.
- **1527** Teilung des Inkareiches zwischen dem Herrscher Atahualpa und seinem Bruder Huáscar.

### ▶ AZTEKEN

Das Reich der Azteken entstand um 1000 n. Chr., als sie aus dem Norden in das heutige Mexiko einwanderten. Im Laufe der Zeit dehnten sie ihre Herrschaft aus, indem sie benachbarte Stämme unterwarfen. Um 1325 gründeten sie auf dem Boden des heutigen Mexico City ihre Hauptstadt Tenochtitlán. Man hat die Stadt auch „Venedig des Westens" genannt, da sie auf kleinen, zum Teil künstlichen Inseln auf einem See gebaut wurde. In ihrer Blütezeit zählte sie über 300 000 Einwohner. An der Spitze stand ein König, unterstützt von einer Schicht von Adligen. Die wirtschaftlichen Grundlagen des Reichs bildeten der Feldanbau (Bohnen, Mais, Kürbis) und der Handel. Durch kriegerische Unternehmungen gelangten sie zu einem großen Machtbereich. Die eroberten Gebiete wurden dem aztekischen Staat nicht einverleibt, sondern die unterworfenen Völker mussten Abgaben (Tribut) leisten. Am Ende der Regierungszeit **Moctezumas II.** (1502–1520) bestand das Reich aus 38 abgabepflichtigen Provinzen. Die Spanier unter Hernán Cortés konnten die Azteken vor allem deshalb besiegen, da sie von indianischen Stämmen unterstützt wurden, die die Herrschaft Moctezumas nicht akzeptierten.

## 7.5 Die Eroberung Lateinamerikas

- **1494** Im Vertrag von Tordesillas grenzen Portugal und Kastilien ihre Interessensphären im Atlantik ab.
- **1519** Der Spanier Hernán **Cortés** verlässt Kuba mit einer kleinen Flotte und wenigen Soldaten, um zur Eroberung Mexikos aufzubrechen.

**1521** Die Aztekenhauptstadt Tenochtitlán wird von Hernán Cortés und seinen Truppen eingenommen. Es folgen weitere Kriegszüge zur Unterwerfung Mexikos.

**1525** Hinrichtung des letzten Aztekenherrschers **Cuauthémoc.**

**1531** Der spanische Eroberer Francisco **Pizarro** landet in Peru. Unter Ausnutzung eines Thronstreits gelingt ihm die Eroberung des Inkareichs mit der Zentrale Cuzco. 1535 gründet er Lima.

**1535** Errichtung des spanischen Vizekönigreichs Neuspanien. Es umfasst Mexiko, Mittelamerika (ohne Panama), die Inseln der Karibik und Venezuela.

**1543** Die Spanier gründen das Vizekönigreich Peru mit der Hauptstadt Lima. Es umfasst den südamerikanischen Besitz ohne Venezuela, aber mit Panama.

**1546** Die Spanier gründen Mérida auf der Halbinsel Yucatan. Bis 1546 werden fast alle Gebiete der Maya unterworfen.



### ▶ CONQUISTA

Mit dem Begriff wird die Eroberung und Unterwerfung Mittel- und Südamerikas durch die Spanier bezeichnet. Die Eroberer, wie z. B. Hernán **Cortés**, werden auch Conquistadoren genannt. Ausbeutung der Silber- und Goldvorkommen, Zwangsarbeit der Indios sowie eine rasante Bevölkerungsabnahme infolge unmenschlichen Zwangs und importierter Infektionskrankheiten (z. B. Pocken) waren die Folgen der Conquista.
Es wird geschätzt, dass allein die Anzahl der indianischen Einwohner Mexikos von etwa 25 Millionen (1519) auf eine Million (1600) zurückgegangen ist. 1542 verfasste der Dominikaner Bartolomé **de Las Casas** für Kaiser **Karl V.** einen Bericht, in dem er die brutale Unterwerfung durch die Spanier in der Neuen Welt anprangerte. Zum Schutz der Indianer erlässt Karl V. noch im selben Jahr die Neuen Gesetze, die ihre beabsichtigte Wirkung jedoch verfehlen.

**BEISPIEL** **Dreieckshandel**

Wegen der Winde und Meeresströmungen (↗ Karte S. 139) entwickelten sich zwischen Afrika, Amerika und Europa bestimmte Handelsrouten, die auf dem Atlantik die Form eines Dreiecks beschrieben. Dabei wurden Sklaven von Afrika nach Amerika transportiert und dort gegen Kolonialgüter getauscht. Diese wurden nach Europa gebracht und gegen Industriewaren eingehandelt, mit denen die Sklavenlieferanten in Afrika wiederum bezahlt wurden.

## Lerncheck

| Kapitel „Entdeckungen zur Zeit der Renaissance“ | O. K. ✔ | Das muss ich noch mal lesen |
|---|---|---|
| Ich kann die Erfindung des Buchdrucks zeitlich einordnen und die Bedeutung dieser Erfindung erläutern. | | S. 94, 95 |
| Ich kann den Begriff „Renaissance“ erklären und Beispiele aus Kunst und Wissenschaft nennen. | | S. 94–96 |
| Ich kann den Begriff „Humanismus“ erklären. | | S. 95, 96 |
| Ich kann die Veränderungen im wissenschaftlichen Weltbild erklären und darstellen, warum diese im Gegensatz zu kirchlichen Vorstellungen standen. | | S. 96 |
| Ich kann erläutern, wie das Wirtschaftssystem um 1500 funktionierte und was das Verlagssystem ist. | | S. 96, 97 |
| Ich kann die wichtigsten Entdeckungsreisen nennen und aufzählen, welche europäischen Länder sich daran beteiligten. | | S. 98, 99 |
| Ich kann lateinamerikanische Reiche nennen und erklären, was eine Hochkultur ist. | | S. 99, 100 |
| Ich kann das Verhältnis zwischen Eroberern und Ureinwohner beschreiben und die Folgen der Begegnung erläutern. | | S. 100–102 |

# 8 Reformation und Glaubenskämpfe

| 1200 | | 1300 | | 140 |
|---|---|---|---|---|

1231 Beginn der Inquisition

1377–1415 Schisma

## 8.1 Die Krise der Kirche

**▶ SCHISMA**

Der Begriff bedeutet Spaltung der Kirche. Von 1377 bis 1417 gab es gleichzeitig zwei, zeitweilig (ab 1409) sogar drei Päpste. Sie hatten ihre Residenzen in Rom, Avignon und Pisa. Durch diese Kirchenspaltung verlor das Papsttum sehr viel an Ansehen und Einfluss. Auf dem Konzil von Konstanz (1414–1418) werden die drei konkurrierenden Päpste abgesetzt.

**BEISPIEL** Jan Hus

Bereits schon vor der Reformation gab es Kritik an der römischen Kirche durch den Prager Professor **Jan Hus**. Er forderte die Rückkehr der Kirche zur Armut und hinsichtlich der Gottesdienste, dass nicht nur die Priester, sondern jeder Gläubige aus dem Abendmahlskelch trinken dürfe. Die Kirche verlangte den Widerruf seiner Lehre. 1415 erschien er auf dem Konzil von Konstanz und wurde dort, trotz der Zusage des kaiserlichen freien Geleits, als Ketzer (↗ S. 117) verurteilt und verbrannt. Sein Tod löste in Böhmen einen großen Aufstand aus. Seine Anhänger, die Hussiten, schlugen in den sogenannten Hussitenkriegen (1419–1436) mehrere Reichsheere.

| 1500 | | 1600 | |
|---|---|---|---|
| 1517 95 Thesen Luthers | 1524/1526 Bauern-krieg | 1555 Augsburger Religionsfrieden | 1618–1648 Dreißigjähriger Krieg |

▶ **ABLASSBRIEF**

Ein Ablassbrief ist ein kirchliches Dokument, das dem Empfänger bestätigt, dass ihm ein Teil seiner Sünden vergeben sei. Es war üblich, Ablassbriefe zu verkaufen und damit beispielsweise den Bau von Kirchen zu finanzieren. Der von **Papst Leo X.** ausgeschriebene Ablass zur Finanzierung des Neubaus von St. Peter in Rom lieferte den Anstoß für Luthers Kritik.



## 8.2 Die Reformation

- **1515** Papst Leo X. schreibt einen neuen Ablass aus.
- **1517** Martin **Luther** veröffentlicht in Wittenberg 95 Thesen, in denen er die Missstände im päpstlichen Ablasswesen kritisiert.
- **1520** Papst Leo X. erlässt eine Bulle (Urkunde) gegen Luther. Dieser fordert ein allgemeines Konzil.
- **1521** Papst Leo X. exkommuniziert Martin Luther und seine Anhänger. Auf dem Reichstag zu Worms weigert sich Luther in Anwesenheit von Kaiser **Karl V.** seine Schriften zu widerrufen. Das Wormser Edikt verbietet alle Neuerungen und ächtet Luther.

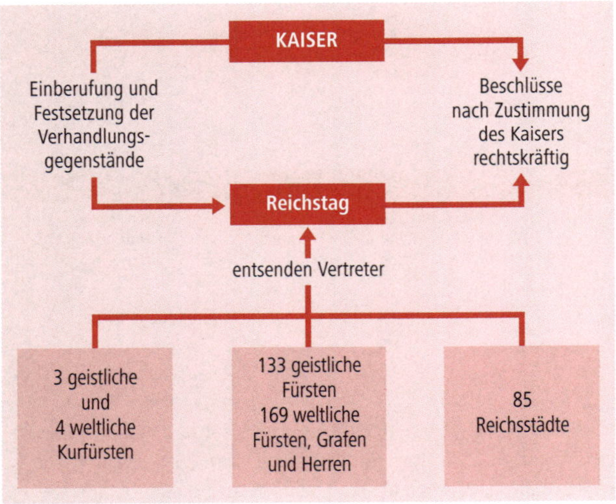


Einfluss und Mitsprache der Reichsstände im 17. Jahrhundert

- **1522** Der Schweizer Reformator Ulrich **Zwingli** verfasst seine erste populäre Schrift.
- **1526** Erster Reichstag zu Speyer. Wormser Edikt aufgehoben.
- **1527** Landgraf Philipp von Hessen gründet in Marburg die erste protestantische Universität.
- **1529** Zweiter Reichstag zu Speyer: Wiedereinführung des Wormser Edikts, d.h. Aberkennung der Reformation und der landesfürstlichen Religionshoheit.
- **1541** Reformation in Genf durch Jean **Calvin**.

## ▶ REICHSTAG

Im Deutschen Reich hatten die geistlichen und weltlichen Fürsten sowie die freien Reichsstädte ein Mitspracherecht bei Krieg und Frieden, Verträgen und wichtigen Gesetzen. Sie trafen sich auf dem Reichstag. Dort berieten sie in drei getrennt tagenden

Gruppen (Reichsstände): die Kurfürsten (↗ Goldene Bulle, S. 73), die Reichsfürsten und die Städte. Ab 1663 wurde der immerwährende Reichstag in Regensburg mit ständigen Gesandten eingerichtet.

### Martin Luther, 1483–1546

Luther wurde als Sohn eines Bergwerksbesitzers in Eisleben am Harz geboren. Gegen den Willen seines Vaters trat Luther in den Augustinerorden ein. Nach einem Theologiestudium lehrte er an der Universität Wittenberg. Mit seinen 95 Thesen gegen den Missbrauch des Ablasshandels wollte er eigentlich ein theologisches Streitgespräch (Disputation) anstoßen. Wider seinen Willen wurde er in die politischen Auseinandersetzungen hineingezogen. **Papst Leo X.** verhängte gegen ihn den **Kirchenbann** und Kaiser Karl V. auf dem Reichstag in Worms gegen ihn die **Reichsacht**. Sein Landesherr, Kurfürst Friedrich der Weise, ließ ihn auf die Wartburg in Sicherheit bringen. Dort schuf er mit Mitarbeitern eine Übersetzung der Bibel ins Deutsche. Diese kam der gesprochenen Sprache viel näher als frühere Übersetzungen und war für die Entwicklung des hochdeutschen Wortschatzes sehr wichtig. Seine Lehre konnte sich verbreiten, da sich zahlreiche Reichsfürsten in Glaubensfragen gegen den Kaiser stellten und dieser durch außenpolitische Aufgaben und Kriegsführung (u. a. gegen Frankreich und das Osmanische Reich) gebunden war. Als Karl V. 1530 wieder nach Deutschland zurückkehrte, hatte die lutherische Lehre bereits zahlreiche Anhänger gefunden. Luther schaffte Beichten und Weihen ab, durch seine Ehe mit der früheren Nonne Katharina von Bora vollzog er die Aufhebung des Zölibats (Ehelosigkeit aus religiösen Gründen).



## ▶ PROTESTANTEN

Der Reichstag von Speyer vereinbarte 1526, dass in Religionsfragen die Reichsstände verfahren sollen, „wie jeder solches gegen Gott und kaiserliche Majestät hofft und vertraut zu verantworten". 1529 protestierten die Vertreter von 14 evangelischen Reichsstädten und fünf Fürsten ebenfalls auf einem Reichstag von Speyer gegen die nunmehrige Aufhebung des früheren Beschlusses.

### ▶ CALVINISTEN

Die Anhänger des Genfer Reformators Jean **Calvin** (1509–1564) werden als Calvinisten bezeichnet. Nach dessen Lehre ist der Mensch von Gott zu Heil oder Unheil vorbestimmt (Prädestination) und muss seine Auserwähltheit durch sein Leben und Wirken beweisen. Wirtschaftlicher Erfolg gilt demnach als Zeichen der Gnade Gottes. Der Calvinismus fand in Frankreich, in den Niederlanden und England Verbreitung und gelangte durch die **Puritaner** auch nach Nordamerika. In England wurde er auch zu einer politischen Bewegung (↗ Englischer Bürgerkrieg, S. 136).

## 8.3 Der Bauernkrieg

- **1524** Erste Unruhen der Bauern im südlichen Schwarzwald.
- **1525** Schlacht bei Frankenhausen: Die aufständischen Bauern werden in Thüringen vernichtend geschlagen.
- **1526** Die letzten Aufständischen werden in Österreich besiegt.

### ▶ BAUERNKRIEG

Die Bauern trugen die Hauptlast der mittelalterlichen Gesellschaft. Schon im 14. und 15. Jahrhundert hatte es in Deutschland Aufstände von Bauern gegeben, die jedoch regional begrenzt blieben. Die sozialen Forderungen der Bauern waren größtenteils nicht neu. Der große Bauernkrieg erfasste jedoch weite Teile des Deutschen Reichs. Seine Stoßkraft erhielt der Aufstand vor allem durch das Zusammentreffen mit der zweiten Massenbewegung dieser Zeit, der Reformation. Der Theologe Thomas **Müntzer** (ca. 1490–1525) unterstützte die Forderungen der Bauern in Thüringen und setzte den Kampf gegen die Obrigkeit mit der Verwirklichung des Reiches Gottes gleich. Nach anfänglichen Erfolgen brach der politisch und militärisch schlecht geführte Aufstand zusammen. Etwa 70 000 Bauern wurden in Kämpfen erschlagen oder in der Folgezeit hingerichtet.

**BEISPIEL Die Zwölf Artikel**
Im Bauernkrieg vermischten sich Gedankengut der Reformation und die Notlage der Bauern. 1525 verfassten der Handwerker Sebastian Lotzer und der Pfarrer Christoph Schappeler die Zwölf Artikel der oberschwäbischen Bauernschaft. Konkret begehrten sie gegen die Verschlechterung der Lebensbedingungen und die Steigerung der Dienste und Abgaben durch die Obrigkeit auf. Sie legten Widerspruch gegen den Entzug von Nutzungsrechten an Wald und Weide und alten Rechten auf Jagd und Fischfang ein. Auch forderten sie die Abschaffung der Leibeigenschaft, da vor Gott alle Menschen gleich seien. Luther warf den Bauern vor, das Evangelium falsch zu verstehen, es rufe nicht zum Ungehorsam gegen die Obrigkeit auf. Ein Zeitgenosse beobachtet, dass die armen Lutherischen die Bauern, die reichen jedoch die Obrigkeit unterstützen.

## 8.4 Die Entstehung der evangelischen Kirchen



- **1530** Reichstag zu Augsburg: Die evangelischen Stände legen eine Zusammenfassung ihrer Glaubenssätze vor („Augsburger Konfession“).
- **1531** Die evangelischen Stände schließen sich zum **Schmalkaldischen Bund** zusammen.
- **1532** Reichstag zu Nürnberg: Der Kaiser gestattet den evangelischen Ständen bis zu einem allgemeinen Konzil die freie Ausübung ihrer Religion.
- **1545** Konzil von Trient konnte nicht zur Lösung des Religionskonflikts beitragen. Die protestantischen Fürsten blieben fern (↗ Gegenreformation, S. 110).
- **1546–1547** Deshalb griffen im Schmalkaldischen Krieg die kaiserlichen Truppen an. Karl V. besiegt die evangelischen Stände.
- **1548** Reichstag zu Augsburg: Der Kaiser schränkt die freie Religionsausübung der Protestanten ein.

**1555** Reichstag zu Augsburg: Katholische und lutherische Reichsstände erkennen sich gegenseitig als gleichberechtigte Glaubensgruppen an. Der **Augsburger Religionsfrieden** 1555 gab den Landesherren das Recht, über die Konfession in ihrem Territorium zu entscheiden („Cuius regio, eius religio."). Die Untertanen mussten den Glauben des Fürsten annehmen. In den Freien Reichsstädten waren beide Konfessionen zugelassen. Die Calvinisten waren nicht in die Vereinbarung eingeschlossen. In den nicht katholischen Gebieten wurden die Klöster aufgehoben und Staatseigentum. Die Landesherren setzten Pfarrer ein, gründeten Universitäten und Schulen zur Ausbildung der neuen Theologen.

### ▶ KONFESSION

Ursprünglich bedeutete dies die Zusammenfassung von Glaubensgrundsätzen. Im weiteren Sinne versteht man darunter das religiöse Bekenntnis eines Einzelnen oder einer religiösen Gemeinschaft. Beim Reichstag zu Augsburg 1530 hatte Karl V. die Lutheraner aufgefordert, ihre theologischen Grundsätze darzulegen. Für sie formulierte Philipp **Melanchthon**, ein Mitstreiter Luthers, ein ausgleichsbereites Schriftstück, das jedoch die Gegensätze zu den Katholiken nicht überbrücken konnte.

### ▶ GEGENREFORMATION

Um eine weitere Ausbreitung der Reformation zu verhindern, berief die katholische Kirche ein Konzil in Trient (1545–1563) ein. Dort formulierte sie umstrittene Glaubenssätze neu und beseitigte Missstände im Ablass- und Ämterwesen. Zu den Trägern des Gedankenguts der Gegenreformation wurden die neu gegründeten Orden der **Jesuiten** und **Kapuziner**, die durch Seelsorge und volkstümliche Predigten und Bildungsstätten großen Einfluss gewannen. Vor allem die Jesuiten gründeten in ganz Europa Schulen und Universitäten und betrieben weltweit Mission.

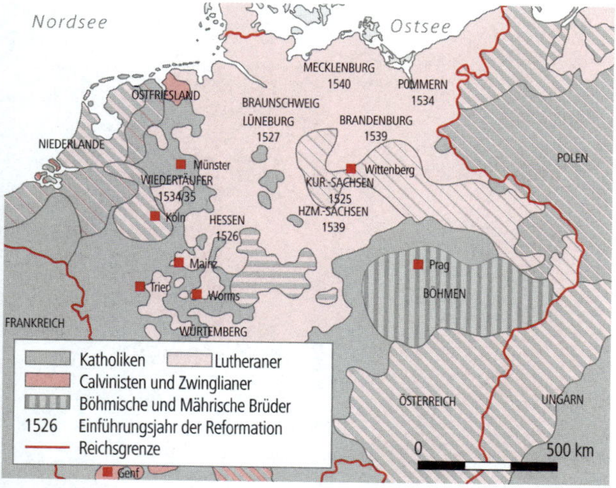


Konfessionen in Mitteleuropa um 1550

## 8.5 Reformation und Außenpolitik

8

- **1525** Das kaiserliche Heer schlägt bei Pavia das Heer des französischen Königs Franz I., der in Gefangenschaft gerät.
- **1526** Franz I. schließt ein Bündnis mit Papst Clemens VII. nach seiner Freilassung.
- **1527** Sacco di Roma: Kaiserliche Truppen erobern und plündern Rom. Papst Clemens VII. muss in die Engelsburg fliehen.
- **1529** Die Osmanen unter Süleyman II. belagern erfolglos Wien. Franz I. verzichtet auf alle französischen Ansprüche in Italien.
- **1535** Franz I. entschließt sich, von habsburgischen Ländern umklammert, zu einem militärischen Zusammengehen mit Süleyman II.

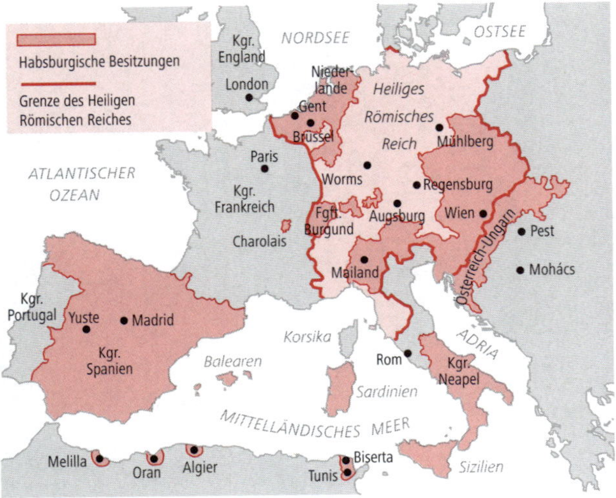


Europa zur Zeit Karls V.

**1556** **Karl V.** dankt ab. In Spanien, einschließlich der italienischen und niederländischen Besitzungen des Hauses Habsburg, wird sein Sohn **Philipp II.**, im Reich sein Bruder Ferdinand I. sein Nachfolger. Die Habsburger zerfallen fortan in einen spanischen und österreichischen Zweig, die weiterhin eng zusammenwirken.

**Karl V. 1500–1558**

1519 wurde der erst 19-jährige spanische König Karl I. als Karl V. unter Einsatz enormer, durch die Fugger (↗ S. 97–98) bereitgestellten Geldmittel in Frankfurt am Main zum römisch-deutschen Kaiser gewählt. Einer seiner Gegenkandidaten war König Franz I. von Frankreich. Die militärischen Auseinandersetzungen zwischen diesen beiden in insgesamt vier Kriegen (1521–1526, 1526–1529, 1536–1538, 1542–1544) führten dazu, dass Karl V. sich der Reformation in Deutschland wenig widmete bzw. auf die Unterstützung der deutschen Reichsfürsten, also auch der

protestantischen, angewiesen war. Hinzu kam, dass das Osmanische Reich bis nach Ungarn vordrang und so die österreichischen Länder der Habsburger bedrohte.
Unter der Herrschaft Karls V. eroberten Hernán Cortés (↗ S. 100–101) und Francisco Pizarro (↗ S. 101) das Aztekenreich in Mexico und das Inkareich in Peru, sodass Karl sagen konnte, in seinem Reich gehe niemals die Sonne unter. Während auf dem Reichstag in Augsburg über den Religionsfrieden (↗ Augsburger Religionsfrieden, S. 110) verhandelt wurde, reifte bei Karl V. der Entschluss zum Rücktritt. 1556 verzichtete er zugunsten seines Bruders Ferdinand auf die Kaiserwürde, im gleichen Jahr erhielt sein Sohn Philipp die spanische Königskrone.

## ▶ OSMANISCHES REICH

Das Osmanische Reich entstand um 1300 und ist nach der Herrscherfamilie benannt. Erster Sultan war Osman I. (1259–1326), erste Hauptstadt des Osmanischen Reiches war Bursa (nordwestliches Kleinasien). 1389 werden die Serben, die danach Vasallen werden, vom osmanischen Sultan Murad I. in der Schlacht auf dem Amselfeld (Kosovo) geschlagen. 1453 eroberten die Osmanen Byzanz (Konstantinopel, Istanbul) und machen die Stadt zur Hauptstadt. Das Bündnis zwischen Franz I. und Sultan Süleyman II. (1535) bedeutete die endgültige Anerkennung der Osmanen als europäische Großmacht. Französische Botschafter kamen als zweite Gesandtschaft, nach der Venedigs, dauerhaft nach Byzanz. In seiner Blütezeit in der zweiten Hälfte des 17. Jahrhunderts umfasste das Osmanische Reich Nordafrika, den Nahen Osten und den gesamten Balkan einschließlich des größten Teils Ungarns.



Berühmt unter den osmanischen Soldaten waren die **Janitscharen**. Diese wurden ursprünglich aus dem Fünftel aller Kriegsgefangenen rekrutiert, das dem Sultan nach jedem Feldzug zustand. Später bildeten die Janitscharen die Kerntruppen des osmanischen Heeres. Im Frieden waren sie als Polizei in Byzanz und Umgebung stationiert.

Mit der gescheiterten zweiten Belagerung Wiens 1683 begann der Niedergang des Reichs. Trotzdem waren die Gebiete, die heute Irak, Syrien, Libanon, Palästina, die Türkei und Teile Griechenlands ausmachen, vor hundert Jahren noch Provinzen des Osmanischen Reiches. Formell bestand das Reich bis zur Ausrufung der Republik Türkei 1923.

#### ▶ HABSBURGISCHE UMKLAMMERUNG

Der habsburgisch-französische Kampf um die Vorherrschaft in Europa bestimmte über mehrere Jahrhunderte die europäische Politik. Dabei sah sich Frankreich von habsburgischen Besitztümern „umklammert" (Burgund – Deutschland – Spanien). In dieser Situation wurden auch osmanisch-französische Bündnisse, je nach Erfordernissen der Auseinandersetzung, von Fall zu Fall geschlossen.

## 8.6 Der Dreißigjährige Krieg

- **1608** Die protestantischen Fürsten schließen sich zur „Union" zusammen (Oberhaupt: Kurfürst Friedrich IV. von der Pfalz).
- **1609** Die katholischen Fürsten bilden ein Gegenbündnis: die „Liga" (Oberhaupt: Herzog Maximilian von Bayern).
- **1609** **Majestätsbrief:** Den böhmischen Protestanten sagt Kaiser Rudolf II. die Religionsfreiheit zu.
- **1617** Ferdinand v. Habsburg wird böhmischer König.
- **1618** Der **„Prager Fenstersturz"** löst den Dreißigjährigen Krieg aus. Aus Protest gegen die Aufhebung der Religionsfreiheit werfen protestantische Adlige zwei kaiserliche Räte aus dem Fenster der Burg.
- **1618–1623** *Böhmisch-Pfälzischer Krieg*
- **1619** Ferdinand II. wird zum Kaiser gewählt. Böhmische Adlige wählen den Protestanten **Friedrich V.** von der Pfalz zum Gegenkönig in Böhmen.

**1620** Schlacht am Weißen Berg bei Prag: Die kaiserliche Armee besiegt die Unionarmee. Friedrich V. wird aus Böhmen vertrieben und geht ins Exil.

**1625–1629** *Niedersächsisch-Dänischer Krieg*

**1625** Der dänische König Christian IV. übernimmt die Führung des protestantischen Heeres.

**1629** Friede zu Lübeck zwischen dem Kaiser und Christian IV. Nach der Niederlage des Dänenkönigs erhält dieser zwar seine Länder zurück, muss sich aber fortan strikter Neutralität verpflichten.

**1630–1635** *Schwedischer Krieg*

**1630** Der schwedische König Gustav II. Adolf landet in Deutschland und greift auf der Seite der Protestanten ein.

**1632** Nach dem Tod Tillys, des Oberbefehlshabers der kaiserlichen Truppen und Heerführers der Liga, wird **Wallenstein** wieder eingesetzt. Gustav Adolf fällt in der Schlacht bei Lützen.

**1634** Wallenstein wird abgesetzt und ermordet.

**1635** Friede zu Prag zwischen dem Kaiser und den protestantischen Ständen.



**1635–1648** *Schwedisch-Französischer Krieg*

**1648** **Westfälischer Friedensschluss** in Osnabrück (Kaiser – Schweden) und Münster (Kaiser – Frankreich). Die Nie derlande und die Schweiz scheiden aus dem Reichsverband aus.

**BEISPIEL** **Auswirkungen des Dreißigjährigen Kriegs**
Ungefähr ein Drittel der Menschen in Deutschland waren durch das Kriegsgeschehen, durch Hunger und Seuchen ums Leben gekommen. Von etwa 18 bis 19 Millionen vor dem Kriege war die Bevölkerung auf nicht einmal 12 Millionen Menschen bei Kriegsende zurückgegangen. Der Friedensschluss beschnitt die Rechte des Kaisers und sprach den Landesfürsten Bündnisfreiheit zu. Damit wurde die Dezentralisierung des Reichs festge-

schrieben. Deutschland war nunmehr ein lockerer Verband von knapp 300 Einzelstaaten und 1400 reichsunmittelbaren, also direkt dem Kaiser unterstellten Gebieten.

**Albrecht von Wallenstein, 1583–1634**

Der Herzog von Friedland stammte aus altem böhmischem Adel und wurde protestantisch erzogen. Nach seinem Eintritt in habsburgische Dienste trat er ohne religiöse Überzeugung zum Katholizismus über. 1618 stellte er erstmals aus eigenen finanziellen Mitteln Truppen auf. Nach dem Sieg über Friedrich V. erwarb er durch den Kauf von Gütern geflohener Rebellen in Böhmen ein geschlossenes Gebiet, das Ferdinand II. 1623 zum Fürstentum Friedland erhob. In den folgenden Jahren des Dreißigjährigen Krieges wurde Wallenstein zum wichtigsten Feldherren des Kaisers. Die Kurfürsten beobachteten seinen Aufstieg misstrauisch und setzten seine Entlassung beim Kaiser durch. Nach dem Eingreifen Schwedens berief der Kaiser Wallenstein 1631 erneut zurück. Eigenständige Verhandlungen Wallensteins mit Schweden führten zu seiner Absetzung und anschließenden Ermordung durch kaisertreue Offiziere in Eger.
Friedrich Schiller verarbeitete den Stoff des Dreißigjährigen Krieges in seiner Dramentrilogie *Wallensteins Lager, Die Piccolomini* und *Wallensteins Tod*.

## ▶ SÖLDNER

Die meisten Soldaten im Dreißigjährigen Krieg waren Söldner. Sie wurden von den Heerführern angeworben und kämpften gegen Bezahlung. Im Dreißigjährigen Krieg war ihre Versorgung häufig sehr schlecht, aber noch stärker vom Krieg betroffen war die einfache Bevölkerung, vor allem die Bauern. Da der Sold und die Verpflegung für die Soldaten häufig ausblieben, „versorgten" sie sich selbst, sie plünderten Dörfer und Städte. Die stehenden Heere im Zeitalter des Absolutismus (↗ S. 120–123) waren überwiegend Söldnerheere.

## 8.7 Glaubenswahn

### ▶ KETZER

Die Kirche im Mittelalter bezeichnete alle diejenigen ihrer Mitglieder, die von den als bindend formulierten Glaubenswahrheiten abwichen und eigene Lehren aufstellten, als Ketzer. In Südfrankreich sammelte sich eine Gruppe, die sich die Katharer (griech. die Reinen) nannten. Sie strebten eine neue Form der Frömmigkeit durch Armut und Laienpriestertum an. Nach dem Mittelpunkt dieser religiösen Bewegung, der südfranzösischen Stadt Albi, wurden ihre Anhänger auch Albigenser genannt. Papst Innozenz III. rief zu einem **Kreuzzug** gegen sie auf und ließ sie fast vollständig ausrotten (1209–1229).

### ▶ INQUISITION

Um Menschen der Ketzerei zu überführen wurde auf dem 4. Laterankonzil in Rom 1215 ein neues Befragungsverfahren zugelassen. Ein Geständnis konnte unter Folter erzwungen werden und wurde fortan als gültig angesehen. 1231 ordnete Papst **Gregor IX.** die systematische Aufspürung und Aburteilung von Ketzern an. Das hierzu neu geschaffene „Rechtsverfahren“, die Inquisition, war direkt der päpstlichen Autorität unterstellt. In Spanien wurde 1483 der berüchtigte Tomás **de Torquemada** zum Großinquisitor, d. h. zum Leiter der Inquisition, berufen. Nach der Reconquista (↗ S. 61–62) verfolgte man bekehrte Juden und Muslime. Erst 1834 wurde die Inquisition in Spanien abgeschafft. Ihr sollen 300 000 Menschen zum Opfer gefallen sein.

8

- **1446** In Heidelberg findet die erste Hinrichtung in Deutschland wegen Hexerei statt.
- **1484** Papst Innozenz VIII. ordnet die Bekämpfung angeblicher Hexen an. Hexerei wird mit Ketzerei gleichgesetzt.
- **1487** Der „Hexenhammer“, Sammlung aller Punkte zum Hexenglauben mit Begründung zur Vernichtung von Hexen, erscheint.

- **1494–1498** „Diktatur Gottes" des Dominikanermönchs Girolamo **Savonarola** in Florenz. Er und zwei seiner Mitbrüder werden gehängt und öffentlich als Ketzer verbrannt, da er auch das verweltlichte Papsttum angegriffen hatte.
- **1600** In Rom wird der bedeutende Gelehrte Giordano **Bruno** als Opfer der Inquisition (↗ S. 117) auf dem Scheiterhaufen verbrannt.
- **1631** Der Jesuit Friedrich **von Spee** veröffentlicht anonym ein Buch, in dem er Hexenprozesse verurteilt.
- **1633** Galileo **Galilei** muss in einem Prozess durch die Inquisition dem ↗ heliozentrischen Weltbild (↗ S. 96) abschwören und damit seine Forschungsergebnisse widerrufen. Von der katholischen Kirche wird er erst 1992 rehabilitiert.
- **1775** In Kempten findet letztmalig eine Hinrichtung in Deutschland wegen Hexerei statt.

**BEISPIEL** **Hexenverfolgung**

Etwa 60 000 Menschen, so schätzt man, fielen in Europa dem Hexenwahn zum Opfer. Die Verfolgung grassierte ca. 350 Jahre, vor allem zwischen 1430 und 1780. Insbesondere in der zweiten Hälfte des 16. Jahrhunderts hatten die Menschen in Mitteleuropa vermehrt unter Seuchen, starken Klimaschwankungen, Missernten und Hungersnöten zu leiden. In ihrer Not suchten viele nach Sündenböcken. Gejagt wurden nicht nur Frauen, fast jedes fünfte Opfer war ein Mann. Diese Verfolgung von Frauen versucht man sich heute folgendermaßen zu erklären: Besonderes Misstrauen hegte die Kirche gegen die kräuter- und heilkundigen „weisen Frauen", die als Hebammen oder Ärztinnen tätig waren. Frauen waren nicht zum Studium der Medizin zugelassen. Ärzte sahen in den „weisen Frauen" eine Konkurrenz und versuchten sie aus den Heilberufen zu verdrängen. Daher beschuldigte man gerade Frauen häufig der Zauberei und Hexerei.

## Lerncheck

| Kapitel „Reformation und Glaubenskämpfe“ | O. K. ✓ | Das muss ich noch mal lesen |
|---|---|---|
| Ich kann die Krise der katholischen Kirche beschreiben. | | S. 104, 105 |
| Ich kann Luthers Kritik an den Missständen der Kirche darstellen. | | S. 105–107 |
| Ich kann die wichtigsten Stationen der Auseinandersetzung Luthers mit den Vertretern der alten Kirche aufzeigen. | | S. 105–107 |
| Ich kann Ursachen und Folgen des Bauernkriegs erläutern. | | S. 108 |
| Ich kann die Entstehung der evangelischen Kirchen und die katholische Gegenreaktion auf die Reformation erläutern. | | S. 109, 110 |
| Ich kann wesentliche Bestimmungen des Augsburger Religionsfriedens nennen und erläutern. | | S. 110 |
| Ich kann einen Zusammenhang zwischen Reformation und Außenpolitik herstellen. | | S. 111, 112 |
| Ich kann den groben Verlauf des Dreißigjährigen Kriegs schildern und die Konfliktparteien nennen. | | S. 114, 115 |
| Ich kann das Kriegselend während des Dreißigjährigen Krieges und seine Folgen beschreiben. | | S. 115, 116 |
| Ich kann Formen des Glaubenwahns benennen und Konsequenzen für die Opfer schildern. | | S. 117, 118 |

# 9 Das Zeitalter des Absolutismus

| 1660 | | | | 1700 | |
|---|---|---|---|---|---|
| 1661 Beginn der Herrschaft Ludwigs XIV. | | 1685 Aufhebung des Edikts von Nantes | | 1701 Friedrich I. König von Preußen | |

## 9.1 Der Absolutismus in Frankreich

- **1562–1598** Religionskriege zwischen Katholiken und Calvinisten, die gegen ihre Verfolgung und für ihre Gleichberechtigung kämpfen.
- **1572** **Bartholomäusnacht**: In Paris und anderen Städten werden Tausende von Hugenotten (= französische Calvinisten) umgebracht.
- **1593** Der spätere König Heinrich IV. schwört dem calvinistischen Glauben ab und wird wieder katholisch, um König werden zu können.
- **1598** **Edikt von Nantes:** Glaubensfreiheit für die Hugenotten da, wo sie bis 1597 Gottesdienste hielten, Paris ausgenommen. Zulassung der Hugenotten zu allen Ämtern, konfessionell gemischte Kammern in den Parlamenten, um Streit zu schlichten.
- **1624–1642** Kardinal **Richelieu**: Beginn der Umgestaltung Frankreichs in einen absolutistischen Staat.
- **1643–1715** Regierungszeit **Ludwigs XIV.**
- **1643–1661** Kardinal **Mazarin**: Er und Kardinal Richelieu waren maßgebliche Berater des Königshauses und bauten einen königstreuen Beamtenapparat auf.

| | | |
|---|---|---|
| 1748<br>Montesquieu fordert Gewaltenteilung | 1772<br>1. Polnische Teilung | 1788/1791<br>Bau des Brandenburger Tors |

1800

- **1619–1683** Finanzminister Jean Baptiste **Colbert** organisiert mit dem Merkantilismus die Wirtschaft neu und fördert die Produktion von Luxusgütern.
- **1659** Pyrenäenfrieden zwischen Frankreich und Spanien: Spanien muss Gebiete an Frankreich abtreten.
- **1667–1668** Ludwig XIV. führt Kriege in Flandern und Burgund gegen Spanien.
- **1685** Ludwig XIV. hebt das **Edikt von Nantes** auf. Zahlreiche Hugenotten verlassen Frankreich und wandern u. a. nach Preußen aus.



### ▶ ABSOLUTISMUS

Der ganze Staat ist nach der Lehre des Absolutismus in der Person des Fürsten vereinigt. Bischof Bousset schrieb 1682, alle Welt beginne mit der monarchischen Staatsform. Der Fürst blicke von einem höheren Standort aus; man dürfe darauf vertrauen, dass er weiter sehe als andere; deshalb müsse man ihm ohne Murren gehorchen. Die Fürsten wirken, so schrieb Bousset, als Gottes Diener und Statthalter auf Erden; durch sie übe Gott seine Herrschaft aus. Die königliche Gewalt sei absolut, sie werde lediglich begrenzt durch Gottes Gesetze und das Naturrecht (↗ S. 122). Der König brauche niemandem Rechenschaft abzulegen über

das, was er befehle. Der einzige Schutz des Untertanen gegen die Staatsgewalt sei seine Unschuld.
Zwar behielten Adel und Geistlichkeit im Absolutismus ihre Privilegien, doch faktisch übte der Monarch die Herrschaft ohne Mitsprache der Stände oder des Parlaments aus.

## ▶ NATURRECHT

Bereits in der Antike existierte die Vorstellung, dass es ein übergeordnetes, für jeden Menschen und jede staatliche Einrichtung verbindliches Recht gebe. Das Naturrecht begründete in der frühen Neuzeit die Forderung nach einem Widerstandsrecht gegen eine ungerechte Obrigkeit. Im Laufe der Zeit entwickelte sich aus dem Naturrechtsgedanken die Überlegung, dass jedem Menschen angeborene Rechte zustehen, die zu allen Zeiten ihre Gültigkeit behalten. Diese Idee schlug sich maßgeblich bei der Formulierung der Grundrechte nieder.

### Ludwig XIV., 1638–1715

Er bestieg im Alter von fünf Jahren 1643 den Thron. Die Regentschaft übernahm jedoch zunächst seine Mutter Königin Anna, der mit Kardinal **Mazarin** bis zu dessen Tode 1661 ein fähiger Staatsmann zur Seite stand. Als Kind erlebte er wie 1648 in Paris ein Aufstand ausbrach und das Parlament die Herrschaft übernahm, während der Hofstaat floh. Dieses Erlebnis bewegte ihn, in knapp 20-jähriger Bauzeit ein Schloss vor den Toren der Stadt zu bauen: Versailles. Die prachtvolle Anlage wurde zum Vorbild für zahlreiche europäische Fürsten. Am Hof von Versailles scharten sich bis zu 20000 Hofadlige, Künstler, Wachsoldaten und Bedienstete um den Monarchen. Die Pracht des Hofes sollte die Bürger beeindrucken und den Adel an die Krone binden. Seinen Anspruch als absoluter Herrscher drückte er in der Verwendung des Symbols der Sonne aus. So wie alles von der Leben spendenden Sonne ausgeht, sollte die Person Ludwigs alles überstrahlen. Im ganzen Land wurden monumentale Standbilder des Sonnenkönigs aufgestellt und jährlich wurden Wettbewerbe für die beste künstlerische Darstellung der „heldenhaften Taten" des Königs abgehalten.

In der Außenpolitik wollte er den Vorrang Frankreichs in Europa durchsetzen. Nach anfänglichen Erfolgen erlitten die Franzosen jedoch mehrere schwere Niederlagen, sodass Ludwig XIV. für sein finanziell ruiniertes und militärisch ausgeblutetes Land den Frieden suchen musste. Als der König starb, litten seine Untertanen unter den wirtschaftlichen und finanziellen Folgen seiner ehrgeizigen Großmachtpolitik.

### ▶ MERKANTILISMUS

Die Wirtschaftspolitik im absolutistischen Staat war durch Reglementierung und Beaufsichtigung geprägt. Das Ziel war es, möglichst viel Geld in die Staatskasse zu bekommen, um somit die benötigten Geldmittel für Hof, Heer und Verwaltung zu erhalten. Dafür wurde die Wirtschaft im eigenen Land gefördert. Bürger, die ein Geschäft oder eine **Manufaktur**, d. h. Großwerkstätten, in denen in einer serienmäßigen Herstellung gearbeitet wurde, eröffnen wollten, erhielten großzügige Förderung durch den Staat. Der Absatz der im eigenen Land hergestellten Produkte wurde geschützt und ausländische Konkurrenz durch Einfuhrzölle weitgehend ausgeschaltet. Auch sollten nur Rohstoffe, die aus dem eigenen Land oder aus den eigenen Kolonien kamen, verarbeitet werden.



## 9.2 Der Aufstieg Preußens zur europäischen Großmacht

### ▶ AUSWIRKUNGEN DES FRANZÖSISCHEN ABSOLUTISMUS AUF DEUTSCHLAND

Im 17. und 18. Jahrhundert verbreitete sich der Absolutismus über Frankreich in fast ganz Europa. Wichtige Ausnahmen bildeten lediglich England und Holland. In Deutschland wurde das französische Vorbild von den zahlreichen Herrschern kleinerer und größerer weltlicher und geistlicher Fürstentümer übernommen. Vor allem in der Darstellung ihrer Macht durch repräsen-

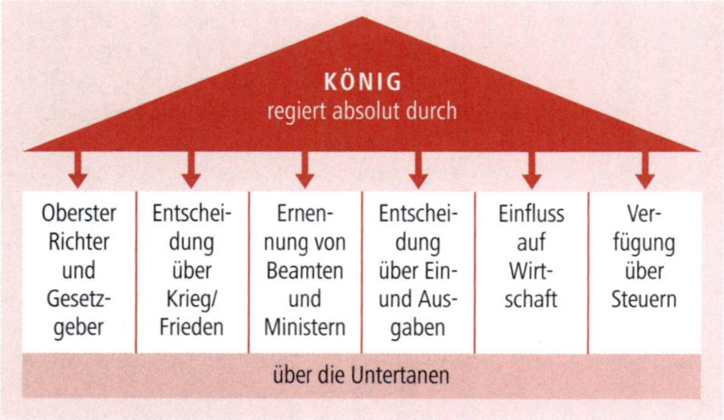


Die uneingeschränkte Macht des Königs im Absolutismus

tative Prachtbauten lehnten sie sich an das Schloss von Versailles als Vorlage an. Viele noch heute zu besichtigende Schlossanlagen des 18. Jahrhunderts in Deutschland entstanden aus dem Wunsch der Fürsten nach Pracht- und Machtentfaltung. Zahlreiche landesfürstliche Hauptstädte wurden während dieser Zeit zu prachtvollen Residenzstädten umgestaltet: Hannover, Kassel, Düsseldorf, Bonn, Würzburg, Mannheim, München und Karlsruhe. Unter der Regie des sächsischen Kurfürsten und polnischen Königs **August des Starken** (1670–1733) erhielt Dresden als eine der bedeutendsten Städte des **Barock** sein neues Gesicht. August förderte in Sachsen und Polen durch merkantilistische Maßnahmen Handel und Gewerbe. So gründete er die noch heute weltberühmte Meißener Porzellanmanufaktur. Mit seinem aufwändigen Hofleben ruinierte er jedoch die sächsischen Finanzen. Auf politischer Ebene gab es verschiedene Formen des absolutistischen Staatsmodells in Deutschland. In Württemberg blieb es bei einer Doppelherrschaft von Fürsten und Ständen. Hier scheiterte der Versuch der Krone, die Rechte der Stände zu beschneiden. Preußen dagegen entwickelte sich zu einem Staat mit einer starken monarchischen Spitze.

## ▶ HOHENZOLLERN

Die Geschichte Preußens ist eng mit dem Herrschergeschlecht der Hohenzollern verbunden. Ihre Stammburg liegt in Süddeutschland. 1191 erhielten sie den Titel des Nürnberger Burggrafen. Im Jahr 1415 ging die Mark Brandenburg als Lehen an die Herrscherfamilie, 1423 erlangten sie die Kurfürstenwürde. 1618 erbten die Hohenzollern das Herzogtum Preußen. Sie verfügen damit über ein völlig unzusammenhängendes Gebiet. Das damalige Herzogtum Preußen liegt in der Gegend von Königsberg und ist bis 1660 polnisches Lehen. Mit der Niederlage Deutschlands im Ersten Weltkrieg erlischt das preußische Königtum.

- **1648** Nach Ende des Dreißigjährigen Krieges entlässt Kurfürst **Friedrich Wilhelm** seine Truppen nicht, sondern unterhält ein stehendes Heer.
- **1685** Mit dem **Edikt von Potsdam** holt Kurfürst Friedrich Wilhelm (der Große Kurfürst) 20 000 hugenottische Glaubensflüchtlinge aus Frankreich nach Brandenburg.
- **1698** Im preußischen Heer wird der Gleichschritt eingeführt. Die Armee wurde dadurch schlagkräftiger, denn wenn eine Reihe Soldaten gleichzeitig feuerte, konnte die nächste bereits feuern, während die erste noch nachlud.
- **1701** Kurfürst Friedrich III. krönt sich in Königsberg als **Friedrich I.** zum „König in Preußen".
- **1716** Errichtung von Kadettenanstalten, in denen junge Adlige zu Offizieren ausgebildet werden.
- **1717** Einführung der allgemeinen Schulpflicht, deren Durchsetzung nur teilweise gelingt. Um 1800 erhalten in Deutschland etwa die Hälfte aller schulpflichtigen Kinder regelmäßigen Unterricht in öffentlichen Schulen.



## ▶ STEHENDES HEER

Im Unterschied zu Heeren, die in Kriegszeiten angeworben oder aufgeboten werden, bleibt ein stehendes Heer auch in Friedenszeiten ständig dienstbereit, sodass es jeder Zeit einsetzbar ist. Ein stehendes Heer gehörte zu den Säulen der Macht absolutistischer Herrscher. Zu dem Ruf Preußens als Militärstaat trug **Friedrich Wilhelm I.** (1688–1740), „der Soldatenkönig", bei. Aus Lustschlössern ließ er Lazarette machen, Lustgärten ließ er zu Exerzierplätzen für das Militär umbauen. Zwei Drittel der Staatseinnahmen flossen in das Heer. In einer Verordnung (1733) wurde Preußen neu in Kantone eingeteilt. Danach wurde jedem Regiment ein bestimmter Bezirk (Kanton) zugewiesen, aus dem die künftigen Soldaten rekrutiert wurden. Bauernjungen wurden zu diesem Zweck bereits frühzeitig in einem Buch registriert.

**BEISPIEL** **Verwaltung**

Unter einer Verwaltung versteht man die Wahrnehmung der Aufgaben eines Staates durch Amtsträger. Eine fähige **Verwaltung** ist wichtig für das Funktionieren eines Staates. 1723 schuf Friedrich Wilhelm eine oberste Behörde für alle Verwaltungsangelegenheiten, das Generaldirektorium. Amtsträger (Beamte) wurden in Preußen „von oben" ernannt. 1727 wurden an den Universitäten Halle und Frankfurt an der Oder Lehrstühle eingerichtet, um künftige Beamte theoretisch und praktisch auszubilden.

**Friedrich II., auch Friedrich der Große, 1712–1786**

Schon früh geriet Friedrich in scharfen Gegensatz zu seinem Vater und dessen harten Erziehungsgrundsätzen. Schließlich unternahm er einen vergeblichen Fluchtversuch nach England (1730). 1740 bestieg er nach dem Tod seines Vaters den Thron. In der Nähe von Potsdam ließ er das Lustschloss Sanssouci erbauen (1745–47). Er förderte die Wissenschaften in Preußen, schrieb selbst Abhandlungen in französischer Sprache, komponierte Musikstücke und hatte mit dem französischen Philosophen **Voltaire** einen regen Briefwechsel und holte diesen an seinen Hof. Trotz seiner philosophischen Neigungen war er vor allem Feldherr. Durch die drei Schlesischen Kriege gegen Österreich (1740–1742, 1744–1745, 1756–1763) und die aktive Beteiligung an der

↗ Teilung Polens begründete er die preußische Vormachtstellung und erhielt den Beinamen „der Große". Er regierte nach dem Grundsatz „Alles für das Volk, nichts durch das Volk" und verstand sich im Sinne des aufgeklärten Absolutismus als „erster Diener" des Staates. Unter seiner Herrschaft wuchs die Stärke des Heeres von 40 000 auf 180 000 Mann an. Die Stützen seiner königlichen Autorität und des Staates waren das Heer und der Adel.

- **1671** Aufnahme 50 jüdischer Familien aus Wien.
- **1685–1700** ca. 20 000 Hugenotten aus Frankreich.
- **1732** ca. 15 000 Protestanten aus Salzburg.
- **1740–1786** ca. 300 000 katholische Siedler, vor allem aus Süddeutschland.
- **1740–1742** Erster Schlesischer Krieg: Friedrich II. fällt in Schlesien, das zu Österreich gehört, ein und kann es im Berliner Frieden behaupten.
- **1742** Der Elbe-Havel-Kanal wird gebaut.
- **1746** Die Justizreform vereinheitlicht das Gerichtswesen, kürzt die Verfahren ab und legt Ausbildungsrichtlinien für Richter fest, die zu besoldeten Staatsbeamten werden.
- **1747–1753** Trockenlegung des Oderbruchs unter Anleitung holländischer Fachleute. In der Folge: Kolonisierung durch Ansiedlung von Religionsflüchtlingen.
- **1756–1763** Friedrich II. fällt in Sachsen ein und beginnt damit den **Siebenjährigen Krieg.** Die Auseinandersetzung zwischen den verfeindeten Mächten Frankreich und Großbritannien setzt sich bis Nordamerika fort. Der Friede von Hubertusburg zwischen Preußen und Österreich garantiert Friedrich endgültig Schlesien.
- **1763** Einführung der Schulpflicht vom 5. bis 13. Lebensjahr.
- **1771** Aufgrund der Hungersnot in den Ostprovinzen führt Friedrich II. den Anbau der Kartoffel ein, die aus Amerika stammt.

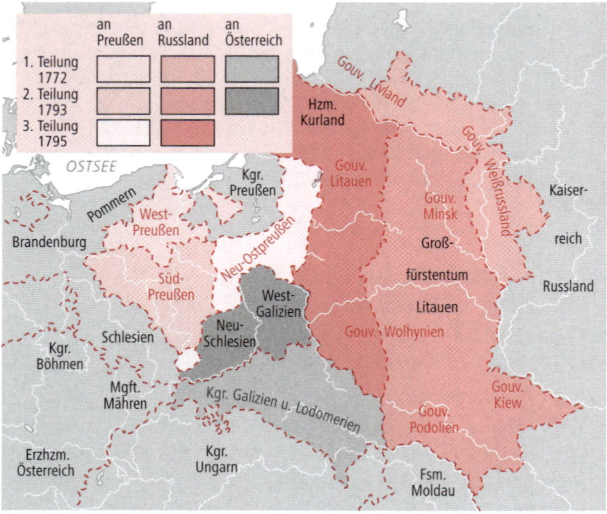

Die Teilung Polens im 18. Jahrhundert

- **1778/1779** Im Bayerischen Erbfolgekrieg hindert Preußen Österreich an der Einverleibung Bayerns.
- **1788** Einführung des Abiturs.
- **1788–1791** Errichtung des Brandenburger Tors in Berlin.

## ▶ POLNISCHE TEILUNGEN

In der zweiten Hälfte des 18. Jahrhunderts wurde Polen mehrmals unter den benachbarten Mächten Preußen, Österreich und Russland aufgeteilt, bis es als Staat aufhörte zu existieren. 1772 (Erste Polnische Teilung) nutzten Preußen, Österreich und Russland einen Bürgerkrieg in Polen zum Einschreiten und verleibten sich ein Viertel des polnischen Gebietes ein. In der Zweiten Polnischen Teilung 1793 teilten sich Russland und Preußen große Stücke Polens untereinander auf. Es verblieb nur noch ein kleiner Reststaat. Mit der Dritten Polnischen Teilung 1795 verschwand

Polen als eigenständiger Staat von der Landkarte Europas und entstand erst wieder 1918 nach dem Ersten Weltkrieg als Republik. 1796 entstand das Lied „Noch ist Polen nicht verloren", das im folgenden Jahrhundert diverse polnische Aufstände begleitete und nach 1918 zur Nationalhymne Polens wurde.

## 9.3 Die Grundprinzipien der Aufklärung

- **1637** René **Descartes** schreibt eine Abhandlung über die Methode des richtigen Vernunftgebrauchs („Cogito, ergo sum" = Ich denke, also bin ich.).
- **1690** John Locke formuliert die Lehre vom Staatsvertrag und rechtfertigt die Glorious Revolution (↗ S. 137).
- **1693** Pierre Bayle fordert die Trennung von Kirche und Staat und verliert deswegen seine Professur in Rotterdam.
- **1748** Charles-Louis Baron de Montesquieu fordert in seinem Werk die ↗ Gewaltenteilung.

### ▶ AUFKLÄRUNG

Das 17. Jahrhundert gilt als Zeitalter der Aufklärung in Europa. In anderen Sprachen wird diese Zeit beispielsweise „lumières" oder „illuminismo" oder „enlightment" genannt. Diesen Bezeichnungen ist gemeinsam, dass das Licht eine große Rolle spielt. Man spricht auch vom „Licht der Vernunft". Die Aufklärung wurde vor allem von Philosophen getragen, die forderten, die menschliche Vernunft (**Rationalismus**) vor Tradition und Religion zu setzen und zum Maßstab der Erkenntnis zu machen.



**BEISPIEL Gewaltenteilung**

Nach den Vorstellungen von John **Locke** sollte die Staatsgewalt zweigeteilt werden, um Machtmissbrauch zu vermeiden. **Montesquieu** unterscheidet drei Arten von Staatsgewalten: die gesetzgebende Gewalt, die ausführende Gewalt und die richterliche Gewalt. Im Absolutismus (↗ S. 121–122) hat der Herrscher alle drei Gewalten in seiner Hand vereinigt. Zu den Forderungen der Aufklärung gehörte, dass die Gewalten auf verschiedene Schultern verteilt werden sollten. Die Gesetzgebung (Legislative) sollte durch ein Parlament erfolgen, die ausführende Gewalt (Exekutive) sollte der Regierung überlassen bleiben, davon unabhängig sollte die höchste richterliche Gewalt (Judikative oder Jurisdiktion) bei einem obersten Gerichtshof liegen.

### ▶ SALON

Die Salons waren zunächst in Paris Treffpunkte der besseren Kreise, ihre Einrichtung fand aber bald auch in anderen europäischen Zentren Verbreitung. Die Salongesellschaften ermöglichten erstmals regelmäßige und häusliche Kontakte zwischen Frauen und Männern unterschiedlichen Standes und religiösen Bekenntnisses. In den Salons diskutierte man bei Tee und anderen Erfrischungen literarische und politische Themen oder lauschte Musikdarbietungen. Die Salons wurden somit zum Treffpunkt für die Ideen der Aufklärung. In Berlin gab es zwischen 1780 und 1806 mehrere von jüdischen Frauen geleitete gesellschaftliche Zusammenkünfte, zu deren Stammgästen prominente christliche Dichter und Schriftsteller, Aristokraten und Regierungsbeamte gehörten. Die Berliner Salons blieben im Hinblick auf die deutsch-jüdische Geschichte eine Ausnahme. Juden erhielten erst 1871 in Deutschland die vollen Staatsbürgerrechte. Eine der bekanntesten Gastgeberinnen war **Rahel Varnhagen**. Ihren Salon besuchten Wilhelm und Alexander Humboldt oder auch der Philosoph Friedrich Fichte.

### BEISPIEL Enzyklopädisten

1751 erschien gegen den Widerstand der französischen Staatszensur der erste Band eines Lexikons, der Encyclopédie, das maßgebende Sammelwerk der europäischen **Aufklärung**. Ihm folgten weitere 16 Text- und elf Bildbände. Herausgeber waren

**Denis Diderot** und **Jean-Baptiste d'Alembert**. Sie hatten mehr als 100 Autoren für die über 72 000 Artikel versammelt. Mit ihrem Werk versuchten sie, das gesamte damalige Wissen zu sammeln und zu veröffentlichen, um es allen zugänglich zu machen. Das Universallexikon trug entscheidend zur Verbreitung aufklärerischen Denkens bei. Es war das größte literarische Unternehmen des Jahrhunderts und wurde zum bis dahin bestverkauften Werk des französischen Buchhandels.

**BEISPIEL Naturwissenschaften**
Die menschliche Vernunft wurde nicht nur für die Philosophen, sondern auch für die Naturwissenschaftler zur Richtschnur der Erkenntnis. Als Begründer der exakten Naturwissenschaften gilt Isaac **Newton** (1643–1727). Bahnbrechend war seine Erkenntnis, dass sich allgemeingültige Gesetze und Regeln nur aufstellen lassen, wenn die Beobachtung verallgemeinert und in einem Experiment nachgewiesen wird. Mithilfe dieser Methode entdeckte er das Gesetz der Schwerkraft (Gravitationsgesetz).
Zur Verbreitung des naturwissenschaftlichen Denkens trugen vor allem die **Akademien** bei, die während der Aufklärung gegründet wurden: Paris 1666, Berlin 1700, Madrid 1713, St. Petersburg, Göttingen 1751, Brüssel 1772.



## ▶ AUFGEKLÄRTER ABSOLUTISMUS

Als Vertreter des aufgeklärten Absolutismus gelten **Friedrich II.** von Preußen, **Joseph II.** von Österreich und **Katharina II.** von Russland. Diese Herrscher beanspruchten, nach den Grundsätzen der Vernunft zum Wohl der Untertanen und des Landes zu handeln und nicht nach eigenem Gutdünken. Friedrich II. beschreibt in seinem Buch „Antimacchiavelli“ die Grundzüge aufgeklärter Staatsphilosophie und bezeichnete sich als „erster Diener des Staates“. Zu den Grundsätzen der aufgeklärten Herrschaft gehört auch eine Abkehr von einer intoleranten Religionspolitik. Nach Auffassung Friedrichs II. solle jeder „nach seiner Fasson selig werden“.

- **1762** Jean-Jacques **Rousseau** attackiert in seinem Werk „Der Gesellschaftsvertrag" die bestehende politische und soziale Ordnung radikal und erzielt damit große Wirkung.
- **1771** Die Berliner Akademie der Wissenschaften wählt den jüdischen Philosophen Moses **Mendelssohn** zu ihrem Mitglied. Friedrich II. erhebt Einspruch und verweigert die Bestätigung.
- **1779** Gotthold Ephraim Lessing schreibt das Toleranzdrama „Nathan der Weise". Mit diesem Werk setzt er seinem Freund Moses Mendelssohn ein bleibendes Andenken.
- **1781** Als erster preußischer Politiker setzt sich Christian Wilhelm **Dohm** öffentlich für eine staatsbürgerliche Verbesserung der Situation der Judenemanzipation ein.
- **1781** Der Königsberger Philosoph Immanuel **Kant** veröffentlicht sein Werk „Kritik der reinen Vernunft".
- **1781** Das **Toleranzedikt Josephs II.** von Österreich verkündet die Gleichheit aller Bürger vor dem Gesetz und Aufhebung der Leibeigenschaft.
- **1784** Kant beantwortet die Frage „Was ist Aufklärung?" in seinem berühmten Aufsatz mit der Definition: „Der Ausgang des Menschen aus seiner selbst verschuldeten Unmündigkeit".

**BEISPIEL** **Judenemanzipation**

Juden unterlagen in vielen Ländern rechtlichen Beschränkungen. Mit der Bezeichnung der Emanzipation ist die Aufhebung dieser Beschränkungen und die rechtliche Gleichstellung gemeint. Dies gelang zuerst in Frankreich durch die französische Revolution. Dort wurden Juden mit einem Mal den anderen Staatsbürgern gleichgestellt (1791). In Deutschland versuchten ebenfalls jüdische Aufklärer wie Moses Mendelssohn die Diskussion voranzutreiben. Jedoch dauerte dieser Prozess viel länger, denn fortschrittliche Bemühungen wurden immer wieder rückgängig gemacht. Erst 1866 im Norddeutschen Bund erhielten die Juden die gleichen staatsbürgerlichen Rechte.

## Lerncheck

| Kapitel „Das Zeitalter des Absolutismus“ | O.K. ✓ | Das muss ich noch mal lesen |
|---|---|---|
| Ich kann den Begriff „Absolutismus“ erklären und wesentliche Merkmale benennen. | | S. 121–124 |
| Ich kann am Beispiel Frankreichs die Bedeutung des Königshofes als Zentrum für Machtausübung und Repräsentation erläutern. | | S. 122, 123 |
| Ich kann die Wirtschaftspolitik im absolutistischen Staat beschreiben. | | S. 123 |
| Ich kann den Aufstieg Preußens zu einer der bedeutendsten europäischen Mächte und die Rolle des Militärs skizzieren. | | S. 125, 126 |
| Ich kann erläutern, warum Preußen als moderner Staat galt. | | S. 126, 127 |
| Ich kann Grundprinzipien der Aufklärung nennen und erläutern, warum diese den Absolutismus infrage stellten. | | S. 129–131 |
| Ich kann Fortschritte in den Wissenschaften ab dem 16. Jahrhundert benennen. | | S. 131 |
| Ich kann den Begriff „aufgeklärter Absolutismus“ erklären und durch Beispiele veranschaulichen. | | S. 131, 132 |
| Ich kann den Einfluss der Aufklärung auf die Veränderungen für die jüdische Bevölkerung im 18. und 19. Jahrhundert in Deutschland erläutern. | | S. 132 |

# 10 England und Amerika

| 1600 | | 1700 |
|---|---|---|
| 1607 Englische Siedler gründen die erste Siedlung in Virginia | 1642 Beginn des Englischen Bürgerkriegs | 1688/1689 Glorious Revolution/ Bill of Rights |

## 10.1 Die Entwicklung des englischen Parlaments

- **1215** Die **Magna Charta** schränkt die Macht des Königs ein. Kein freier Mann darf willkürlich verhaftet werden. Steuern dürfen nur mit Zustimmung des Adels erhoben werden.
- **1236** Für die Versammlung der Barone taucht der Name „Parlament“ auf.
- **1263** Der König zieht Vertreter der Grafschaften und Städte als Berater bei Regierungsgeschäften hinzu.
- **1295** Die Forderung nach allgemeinen Steuern bedarf der Zustimmung des Parlaments.
- **1343** Die Grafschafts- und Städtevertreter vereinigen sich zum „House of Commons“.

**▶ PARLAMENT**

Ursprünglich bezeichnete der Begriff eine Versammlung der Stände, die den König berieten (frz. parler = reden; mittellat.= parlare). Aus dem englischen Vorbild entwickelte sich das Parlament im heutigen Sinne. Im 13. Jahrhundert wurde der Kreis der königlichen Berater durch Mitglieder des niederen Adels (Gentry) erweitert. Später kamen auch reiche Bürger aus den

1800

1776 Unabhängigkeitserklärung USA

1861–1865 Amerikanischer Bürgerkrieg

Städten hinzu. Das Parlament versuchte vor allem, Einfluss auf die Gesetzgebung und die Steuerbewilligung zu nehmen. Es dauerte jedoch lange, bis die Abgeordneten nicht nur von einer kleinen Schicht, sondern vom Volk gewählt wurden.
Das erste deutsche Parlament tagte 1848/1849 in der Frankfurter Paulskirche. Als Vorläufer im Sinne des frühen englischen Parlaments können die Reichstage (↗ S. 106) und die Versammlung der Reichsstände des Heiligen Römischen Reichs gelten. Sie entschieden (bis zum Ende des Heiligen Römischen Reichs, 1806) über Krieg und Frieden, über die Steuergesetzgebung, über Fragen des Heereswesens sowie die Gründung von Reichsfürstentümern.



**BEISPIEL** **Oberhaus/Unterhaus**
Noch heute besteht das englische Parlament aus zwei Kammern, dem Oberhaus (House of Lords) und dem Unterhaus (House of Commons). Die Mitglieder des Oberhauses haben ihren Sitz geerbt oder werden vom britischen Königshaus ernannt. Die Abgeordneten des Unterhauses stammten zunächst aus dem Landadel und der Schicht der wohlhabenden Kaufleute, da das Wahlrecht an Geschlecht (männlich) und Grundbesitz gebunden war. Heute gilt dagegen das allgemeine Wahlrecht.

**1534** Mit Unterstützung des Parlaments löst Heinrich VIII. die Kirche seines Landes von der Autorität Roms und begründet die **anglikanische Staatskirche** (Act of Supremacy). Damit wird die Reformation in England staatsrechtlich vollzogen. Der Calvinismus verbreitet sich, seine Anhänger nennen sich in England Puritaner.

**1605** Ein Sprengstoffanschlag fanatischer Katholiken auf das Parlament wird vereitelt (Gunpowder Plot).

**1628** **„Petition of Right“:** Der König verzichtet auf jedes besondere Kriegs- und Notrecht im Land. Jegliche Gelderhebung ist ohne Parlamentszustimmung gesetzeswidrig.

**1629** Nach Protest gegen eine Sondersteuer wird das Parlament durch König Karl I. für elf Jahre aufgelöst.

**1640** Ein Gesetz legt fest, dass der König nur das Parlament auflösen kann, wenn dieses selbst zustimmt.

**1642** Beginn des **Englischen Bürgerkriegs** zwischen anglikanischen Royalisten und Puritanern, die ihrerseits in zwei Machtblöcke gespalten sind. Die politisch radikalen Puritaner unter Oliver **Cromwell** fordern mehr Mitspracherechte, die Aufhebung sozialer Schranken und religiöse Toleranz.

**1649** Deshalb lassen sie Karl I. hinrichten und rufen eine Republik aus, die unter Oliver Cromwell zur Militärdiktatur wird.

**1651** Navigationsakte: Monopol des Zwischenhandels für die englische Flotte, um den niederländischen Einfluss zu beseitigen.

**1658** Tod Cromwells.

**1660** Die Monarchie wird wieder hergestellt. Karl II. besteigt den Thron, nachdem er feierlich die Rechte des Parlaments bestätigt hat.

**1679** Habeas-Corpus-Akte: Ein Beschuldigter darf ohne richterlichen Entscheid nur begrenzte Zeit in Haft gehalten werden.

### ▶ GLORIOUS REVOLUTION 1688/89

1688 wurde der katholische König Jakob II. von England und Schottland gestürzt, der seit 1685 Herrscher war. Maßgebliche Vertreter der englischen Oberschicht waren mit der katholischen Politik des Königs unzufrieden und nahmen Kontakt zu seinem protestantischen Schwiegersohn, dem holländischen Statthalter Wilhelm III., auf, der England ab 1689 regierte. Durch die Flucht Jakobs II. verlief der Umsturz unblutig, daher der Name Glorious Revolution (Glorreiche Revolution). In der **Declaration of Rights** 1688 werden die Rechte des Königs und des Parlaments festgehalten. Gesetzgebung, Steuerbewilligung und die Aufstellung eines Heeres können fortan nur von Parlament und König gemeinsam entschieden werden. Damit wird in England die Phase des Absolutismus (↗ S. 120) endgültig abgeschlossen.

## 10.2 Die Kolonien in Nordamerika

- **1583** England nimmt Neufundland als erste Kolonie in Nordamerika in Besitz.
- **1584** Der englische Seefahrer Walter **Raleigh** landet an der Ostküste Amerikas und nennt die Gegend Virginia.
- **1607** Englische Siedler gründen Jamestown in Virginia als die erste dauerhafte Siedlung in Nordamerika.
- **1608** Franzosen gründen am St.-Lorenz-Strom die Stadt Québec.
- **1620** Die „Mayflower“ landet mit 102 Siedlern, den Pilgrim Fathers, in der Massachusetts Bay.
- **1629** In England wird die Massachusetts Bay Company gegründet, die ab dem folgenden Jahr Siedler nach Neuengland schickt.
- **1632** Englische Katholiken gründen die Kolonie Maryland.
- **1638** Eine Expedition der Neuschwedischen Handelsgesellschaft errichtet am Delaware Fort Cristina und gründet die Kolonie Neu-Schweden.

### ▶ PILGRIM FATHERS

Zu den ersten Siedlern in Amerika gehörte eine größere Gruppe Puritaner. An Bord der „Mayflower“ befanden sich 35 Puritaner und 67 andere Siedler. Seit 1563 werden die englischen Calvinisten (↗ S. 108) so bezeichnet. Die **Puritaner** forderten eine einfache Lebensführung und stärkere Hinwendung zu Gottes Geboten. In England sahen sie sich von der Kirchenpolitik des katholischen Königs Jakob I. enttäuscht und beschlossen daher die Auswanderung. Auf ihrem Schiff unterzeichneten sie eine Vereinbarung, derzufolge Regierung und Gesetze aus gemeinsamen Beschlüssen hervorgehen sollten, ohne dass die Loyalität zur englischen Krone aufgegeben werden sollte.

### ▶ KOLONIEN

Bei den englischen Kolonien handelt es sich im Unterschied zu den spanischen Kolonien in Amerika um Siedlungskolonien und nicht um Beherrschungs- oder Eroberungskolonien. Der englische König oder die englische Regierung schickten private Kaufmannsgesellschaften ausgestattet mit einem königlichen Freibrief ins Land. Diese brachten Auswanderungswillige im kaufmännischen Interesse nach Amerika. Damit war der Grundstock für den zukünftigen Handel gelegt. Die erste in Nordamerika tätige Gesellschaft war die Virginia Company (1606). Die Kolonisten unterstanden dem Schutz der britischen Krone. Diese wurde in den Kolonien durch einen Gouverneur vertreten.

Die Siedler verdrängten und vernichteten die **Indianer** (↗ Indianerkriege, S. 142–144). Indianer wurden über Jahrhunderte als außerhalb der Zivilisation und Gesellschaft stehend betrachtet.

1619 trafen mit einem holländischen Piratenschiff in Jamestown zwanzig Afrikaner ein, die man zuvor von einem spanischen Sklavenschiff in der Karibik geraubt hatte. Damit begann die Epoche der Sklaverei in Nordamerika. Bis 1776 erhöht sich der Anteil der **Sklaven** auf 20 % der Gesamtbevölkerung.

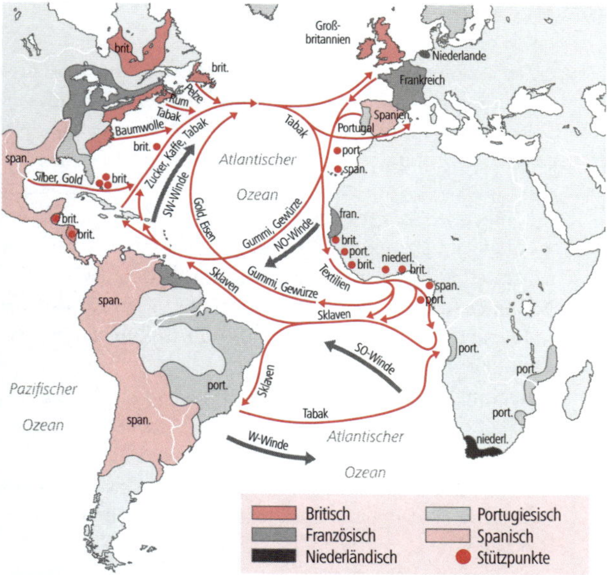


Europäische Kolonialreiche in Amerika und Afrika und die Handelswege im Atlantik

**1664** Ende der niederländischen Kolonialzeit in Nordamerika. Aus Neu-Amsterdam wird New York.

**1683** Deutsche Siedler (Mennoniten) errichten Germantown, das heute ein Stadtteil Philadelphias ist.

**1754** Noch vor dem Siebenjährigen Krieg zwischen verschiedenen europäischen Mächten beginnen die britisch-französischen Auseinandersetzungen in Nordamerika und Indien.

**1763** Der Frieden von Paris beendet den Siebenjährigen und damit auch den britisch-französischen Kolonialkrieg. Frankreich muss seine nordamerikanischen Kolonien und Stützpunkte an England abgeben. Kanada wird britisch.

## 10.3 Der Kampf um Unabhängigkeit

- **1765** Der Stempelsteuerkongress mit Vetretern aus neun britischen Kolonien protestiert gegen die von der Londoner Regierung verfügte Stempelsteuer. Die Forderung „No taxation without representation" (Keine Steuer ohne Mitwirkung) macht die Runde, denn die Kolonien hatten keine Sitze im britschen Parlament.
- **1773** Aus Protest gegen die Besteuerung durch das englische Mutterland werfen als Indianer verkleidete Kolonisten eine Ladung Tee im Bostoner Hafen über Bord (**Boston Teaparty**). England verhängt über die Kolonien den Ausnahmezustand.
- **1775** Beginn des Unabhängigkeitskrieges. George Washington erhält den Oberbefehl über die amerikanischen Streitkräfte.
- **1776** Delegierte aus allen 13 englischen Kolonien erklären am 4. Juli in Philadelphia die Unabhängigkeit von der englischen Krone.
- **1778** Frankreich erkennt als erstes Land die Unabhängigkeit der USA an.
- **1783** England erkennt nach dem Krieg mit den Siedlern die Unabhängigkeit der 13 Kolonien an (Frieden von Versailles).
- **1789** George **Washington** wird erster Präsident der USA.

**BEISPIEL** **Grundrechte/Virginia Bill of Rights**
Das Gedankengut der Aufklärung fand seinen wesentlichen Ausdruck in der Idee der Menschen- und Bürgerrechte. Demnach besitzt jeder Mensch unantastbare Rechte (Grundrechte), die kein Staat verletzen dürfe. In der am 12. Juni 1776 verabschiedeten Virginia Bill of Rights wurden die wesentlichen **Grundrechte** festgelegt. Sie folgte den Ideen der englischen **Bill of Rights** von 1689. Zu den angeborenen Grundrechten aller Menschen gehören das Recht auf Leben, Freiheit, Eigentum, Glück und

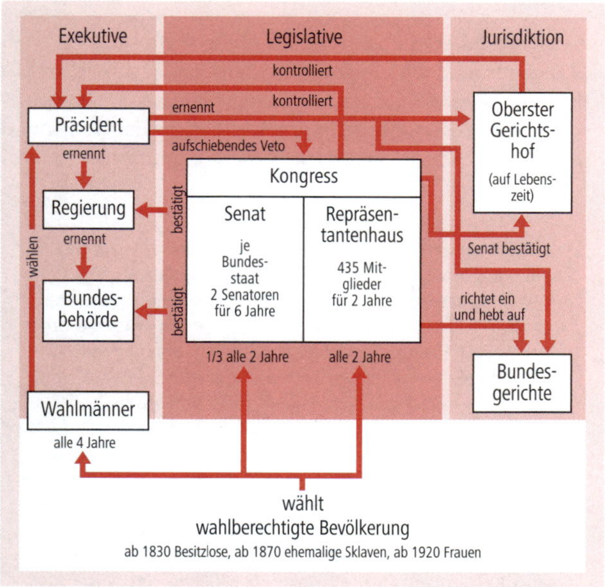


Die amerikanische Präsidialdemokratie – Verfassung der USA von 1776

persönliche Freiheit. Darüber hinaus enthält die Virginia Bill of Rights Grundsätze für die Rechte der Bürger und zum Staatsaufbau, die in die amerikanische Verfassung einflossen. 10

## ▶ VERFASSUNG DER VEREINIGTEN STAATEN

Im Herbst 1777 hatten die 13 ehemaligen Kolonien mit den „Articles of Confederation“ einen losen Staatenbund gegründet. Erst 1787 traten Vertreter der einzelnen Staaten in Philadelphia zusammen, um den Entwurf für eine Bundesverfassung zu beraten, die im gleichen Jahr verabschiedet wurde. Auf Verlangen verschiedener Staaten wurde die Verfassung im Herbst 1789 durch zehn Zusätze (**Amendments**) ergänzt, die 1791 in Kraft traten: Sie wurden als **Bill of Rights** bekannt. In der Verfassung werden die Spielregeln des politischen Zusammenlebens in dem neuen Staat festgelegt. Die amerikanische Verfassung ist durch das Gedankengut der europäischen Aufklärung geprägt. Da es kein praktisches Vorbild gab, war sie damals einmalig. Das wichtige Prinzip der Gewaltenteilung zur Sicherung der Rechte und Freiheiten der Bürger wurde darin umgesetzt und gilt heute noch.

**Thomas Jefferson, 1743–1826**

Jefferson war einer der meistgeachteten Amerikaner seiner Zeit. Er stammte aus einer wohlhabenden Familie von einer Plantage in Virginia und übte zunächst den Beruf eines Rechtsanwalts aus. Geprägt von dem Gedankengut der Aufklärung entstand unter seiner Federführung die amerikanische Unabhängigkeitserklärung 1776. In den folgenden Jahren war er Botschafter in Frankreich, Außenminister, Vizepräsident und schließlich 1801 bis 1809 der dritte Präsident der USA. Sein Bild ist auf dem 5-Cent-Stück zu sehen. Unter seiner Präsidentschaft kauften die USA von Frankreich für 27,3 Millionen Dollar ein riesiges Kolonialgebiet zwischen Mississippi und den Rocky Mountains nördlich von Texas, mit dem sich das Staatsgebiet verdoppelte. Obwohl Jefferson selbst ein Sklavenhalter war, warnte er vor den verheerenden Konsequenzen der Sklaverei. 1808 beschloss der Kongress ein Einfuhrverbot für Sklaven. Für die Zeit nach seinem Tod verfügte Jefferson in seinem Testament die Freilassung seiner Sklaven. Doch erst der amerikanische Bürgerkrieg (1861–1865) brachte die offizielle Abschaffung der Sklaverei in den USA.

## 10.4 Sklaverei und Indianerkriege

- **1672** In England wird die Royal African Company für den Sklavenhandel mit Afrika und Amerika gegründet.
- **1787** Mit der Gründung einer Gesellschaft zur Abschaffung des Sklavenhandels in Großbritannien beginnt der Kampf gegen die Versklavung von Schwarzafrikanern.
- **1807** England verbietet den Sklavenhandel.

- **1848** Die Sklaverei wird in den französischen Kolonien verboten.
- **1852** Harriet Beecher-Stowes kritischer Roman „Uncle Tom's Cabin" (Onkel Toms Hütte) erscheint.
- **1860** Abraham **Lincoln** wird zum US-Präsidenten gewählt. Er stellt sich auf die Seite der Sklavengegner.
- **1861** Elf Südstaaten erklären aus Protest den Austritt aus der **Union** (Nordstaatler) und bilden die **Konföderierten** Staaten (Südstaatler) von Amerika.
- **1861–1865** Der **amerikanische Bürgerkrieg** endet mit dem Sieg der Nordstaaten über die Südstaaten. In der Schlacht von Gettysburg (1863) verlieren die Südstaaten (Konföderierten) ein Drittel ihrer Soldaten. 1865 wird Lincoln Opfer eines politischen Mordes.

**BEISPIEL** **Sklaverei**

Das von den amerikanischen Gründungsvätern verkündete „Streben nach Glück" galt nicht für alle. **Sklaven** und Indianer blieben von den Menschen- und Bürgerrechten ausgeschlossen. Am Vorabend des amerikanischen Bürgerkriegs 1860 gab es nahezu vier Millionen schwarze Sklaven in den USA. Die Masse der Sklaven befand sich in der Hand einer dünnen Oberschicht, die diese auf ihren Baumwoll- und Tabakplantagen einsetzte und die Politik in den Südstaaten in ihrem eigenen Interesse bestimmte. Mit dem 13. Amendment (1865) zur Verfassung gilt die Sklaverei im Gesamtgebiet der USA endgültig abgeschafft. Jedoch betrachten die Weißen die Schwarzen zunächst weiterhin als Angehörige einer untergeordneten Rasse oder bestenfalls als Bürger zweiter Klasse.



- **1830** Ein Gesetz ermächtigt den Präsidenten im Osten beheimatete Indianer zu enteignen und über den Mississippi nach Westen abzuschieben. Bei der Vertreibung der Cherokee, und das ist nur ein Stamm, sterben 4 000 der 15 000 Indianer.

- **1862** Der Homestead Act verursacht eine gewaltige Wanderungsbewegung von weißen Siedlern nach Westen. Gegen 10 Dollar Gebühr kann jeder Amerikaner 160 Acres Land erwerben.
- **1860–1890** Die Prärieindianer wehren sich vergeblich gegen das Vordringen der weißen Siedler in ihr Land.
- **1876** Bei der Schlacht am Little Big Horn gelingt es den Sioux und Cheyenne unter den Häuptlingen **Crazy Horse** und **Sitting Bull** zum letzten Mal, amerikanische Armeeeinheiten zu besiegen.

**BEISPIEL Indianerkriege**

Ursprünglich lebten in Amerika mehr als eine Million Indianer. Die meisten „Weißen" sahen jedoch in den „Rothäuten" nur rechtlose „Wilde". Im Jahr 1637 griffen Neuengländer eine Siedlung der Pequot an, aus Revanche für getötete Händler und Siedler, wobei sie jedoch die Feindseligkeiten nach eigenem Eingeständnis provoziert hatten. 1643 überfielen holländische Soldaten ein Indianerdorf und machten die Einwohner nieder. Daraufhin begab sich der Stamm der Algonquin auf den Kriegspfad. Das Vordringen der weißen Siedler nach Westen endete mit dem Zusammenpferchen der Indianer in Reservaten und der nahezu vollständigen Ausrottung der Büffel, der Lebensgrundlage der Indianer. Viele tausend Indianer starben an den aus Europa eingeschleppten Krankheiten. Am Ende des 19. Jahrhunderts lebten nur noch etwa 200 000 Indianer in den Vereinigten Staaten, zumeist in unzureichenden und abgelegenen Reservaten. Erst 1924 erhielten sie das volle **Bürgerrecht**.

## Lerncheck

| Kapitel „England und Amerika“ | O. K. ✔ | Das muss ich noch mal lesen |
|---|---|---|
| Ich kann den Begriff „Parlament“ erklären und wichtige Stationen des englischen Parlamentarismus nennen. | | S. 134, 135 |
| Ich kann die politische Entwicklung Englands im 17. Jahrhundert skizzieren. | | S. 136, 137 |
| Ich kann Gründe für die Entstehung englischer Kolonien in Nordamerika benennen. | | S. 137, 138 |
| Ich kann Ursachen und Anlässe des Kampfes der amerikanischen Siedler um Unabhängigkeit vom englischen Mutterland erläutern. | | S. 140 |
| Ich kann wesentliche Grundrechte benennen. | | S. 140, 141 |
| Ich kann Prinzipien der amerikanischen Verfassung nennen und die herausragende Bedeutung begründen. | | S. 141, 142 |
| Ich kann Grundzüge der Entwicklung in der Sklavenfrage in den USA schildern. | | S. 142, 143 |
| Ich kann die Auswirkung der Siedlungspolitik und Wanderungsbewegungen auf die Indianer beschreiben. | | S. 143, 144 |

## Stichwortverzeichnis